Lois Walfrid Johnson

Kán jy of knak jy?

Hoe God se trou die verskil kan maak

Lux Verbi

Oorspronklik uitgegee deur
Augsburg Publishing House
onder die titel *Falling apart or coming together*

Uit Amerikaans vertaal deur Leana du Preez

Geset in 11 op 13 pt Souvenir
deur Unifoto, Kaapstad
Gedruk en gebind deur
Nasionale Boekdrukkery,
Goodwood, Kaap

Eerste uitgawe, eerste druk 1987
Tweede druk 1988

ISBN 0 86997 238 3

Inhoud

1 In 'n wêreld wat verbrokkel, kan die gelowige kies:

Geestelike groei of verval?

Een oggend terwyl ek met my stiltetyd besig was, het 'n vreemde beeld van Jesus in my gedagtes opgekom. Ek het Hom gesien waar hy met 'n staf in die hand vinnig oor 'n plato, omring van hoë berge, stap. Ek wou agter Hom aanhardloop. Maar ek kon nie byhou nie – selfs nie op die gelykte nie. En toe Hy die steil bergpas begin uitstap, was ek bang ek sou Hom heeltemal uit die oog verloor. Ek het uitgeroep: "Here, moet my nie agterlaat nie! Moenie weggaan van my af nie! Ek wil *saam* met U loop. Ek wil nie altyd agterna hardloop en dan nie kan bybly nie!"

Hy het omgedraai en in 'n stil bedroefde stem gesê: "My kind, jy *is* besig om agter te bly. Ek wil jou iets nuuts in jou lewe leer, maar jy wil My nie toelaat om dit te doen nie."

Toe het ek op my knieë geval en om vergifnis gevra. Ek het besef ek het in my geestelike lewe 'n plato bereik en dat ek geen vordering maak nie. Elke keer as ek sy wil weerstaan, verhinder ek Hom om met my te werk en sy krag in my lewe tot openbaring te bring – wat my omstandighede ook al mag wees.

In die daaropvolgende weke het die Heilige Gees my op verskillende maniere gewys waarop ons God se werk in ons kan weerstaan. Orals om my – plaaslik, nasionaal en internasionaal – het ek dinge gesien wat die mens geestelik in duie kan laat stort. Ek het my bewus geword van soveel dinge wat ons geestelike lewe bedreig. En tog het ek gewens ek kon die vermoë hê om elke bedreiging as 'n *geleentheid* te sien om opnuut die almag en getrouheid van God te ondervind. Ek wou tot die aanval oorgaan en die wapen opneem teen alles wat ons laat vrees en vlug.

Ek het goed geweet ek kan niks op my eie doen nie, maar ek het God gevra om vier eienskappe of gesindhede in my te kweek wat my sal help om die wêreld, hoe dreigend en donker dit ook al mag lyk, in die gesig te kyk.

Die eerste is *die bereidwilligheid om te groei.* Elke keer as ek die werking van die Gees van God in my teëstaan, staan ek ook die krag teë om werklik voluit en met blydskap te leef.

'n Skrywer het eenmaal hierdie volkome oorgawe so verduidelik: "Let op die verskil tussen 'n gemiddelde deelnemer en 'n kampioenatleet. Die kampioen gee hom volkome oor aan die dissipline wat die atletiek van hom eis. Of kyk na die gemiddelde student en die student wat akademies uitblink. Die topstudent wy homself volledig daaraan om sy verstand te ontwikkel (vir die ander student is studies eintlik bysaak). Dieselfde geld vir ons persoonlike wandel met God."

In die tweede plek het ons *'n Godgegewe visie* nodig.

Salomo het gesê: "Waar die wil van die Here nie bekend gemaak word nie, verwilder 'n volk . . ." (Spr 29:18). Met ander woorde: sonder visie, sonder 'n uitsig op die feit dat God daar is en dat Hy 'n plan met ons lewe en met die wêreld het, verloor die mens koers. Trouens, dit is dan dat hy hom wil losmaak van alles wat hom bind en weier om 'n gebalanseerde, gedissiplineerde lewe te lei.

Geestelike visie begin daar waar jy sonder twyfel seker weet dat jy aan God behoort en 'n Christen is. En hoe meer jy in die krag lewe wat die Heilige Gees aan jou skenk, hoe dieper word jou insig in die dinge van God en sy plan met jou lewe. 'n Christen kan nie met minder tevrede wees nie as die duidelike visie dat Jesus Christus hom ten volle wil gebruik.

Visie moet ook die kennis insluit van die besondere wyse waarop God 'n mens wil gebruik. Toe Paulus die Here ontmoet, het hy die visie ontvang dat hy na die heidene moes gaan. Ons kry dalk nie so 'n duidelike roeping soos Paulus nie, maar tog behoort daar in ons die besef te wees dat ons besig is om iewers heen te beweeg, of dat ons op die Here moet wag – selfs wanneer ons skynbaar geen vrug op ons werk sien nie. En hierdie wag op die Here beteken dat ons sal bid en dat ons ten spyte van struikelblokke en teenslae sal bly werk totdat ons die vervulling van God se raadsplan sien.

As ons nou eerlik moet erken dat ons nie hierdie visie het nie, dat ons ons nie bewus is van God se plan vir die wêreld nie, kan ons daarom bid. En die Heilige Gees sal ons dit skenk. So kry ons die leiding en die insig wat ons nodig het om in moeilike omstandighede te volhard.

In die derde plek het ons 'n *gees van verwagting, van hoop* nodig. Dit beteken dat ons sal glo en weet: God *kan*, Hy *wil*, Hy *het*.

Vir die meeste van ons is dit maklik om te sê: "Hy kan." Ons glo in die almag van God. Hy is immers die Skepper van die heelal. Maar as ons in 'n moeilike situasie kom en die wêreld om ons donker word, is dit nie altyd so maklik om te sê: "Hy wil" nie.

As 'n mens onseker voel omtrent wat God wil, moet jy in sy Woord gaan leiding soek. Daar lees ons byvoorbeeld in Markus 1 van die melaatse man wat vir Jesus gesê het: "As U wil, kan U my gesond maak." Jesus het geantwoord: "Ek wil. Word gesond!" (Mark 1: 40, 41.)

As ons eerlik sy wil soek en begerig is om ons aan sy leiding te onderwerp, gee die Heilige Gees deur die beloftes in sy Woord ons 'n insig in wat God se wil met sy mense is. Die Woord spoor ons aan om met verwagting te bid en ons op sy beloftes te verlaat. Die Woord vertel vir ons van Abraham, die ou man wat vader geword het omdat hy "God wat dit beloof het, getrou geag het" (Heb 11:11).

Ons lees van Sadrag, Mesag en Abednego. Hulle het voor 'n koning gestaan wat, menslik gesien, die mag oor lewe en dood in sy hande gehou het. Hulle het geweier om sy goue beeld te aanbid. "Ons het ons God vir wie ons dien. Hy *het die mag* om ons te red uit die brandende oond, en Hy *sal* ons ook red uit u mag" (Dan 3:17).

Hierdie drie manne het geglo: Wat ook al met ons gebeur, God bly getrou. En die God wat in hulle tyd almagtig en getrou was, is ook vandag nog ons God wat soewerein is in die wêreld.

Dan is daar nog die "Hy *het*". Die Bybel gee ons die versekering Christus *het* reeds as ons Voorloper ter wille van ons by God ingegaan waar Hy nou vir ons intree (vgl Heb 6:20). Daarom het ons die vrymoedigheid om in sy Naam te bid. Hy *het* reeds vir ons die verlossing bewerk.

Maar dan het ons nog 'n vierde eienskap nodig wanneer ons die gevaar loop om voor die aanslae van hierdie wêreld ten gronde te gaan: *die vermoë om te volhard.*

In Jakobus lees ons: "My broers, julle moet baie bly wees wanneer allerlei beproewings oor julle kom, want, soos julle weet weet, as julle geloof die toets deurstaan het, stel dit julle in staat om te volhard" (Jak 1:2, 3).

Jesus roep ons om te loop, maar Hy roep ons ook om vas te staan, om te verduur, om vas te bly staan op sy beloftes wanneer die pad voor ons donker en onseker lyk. Hy verwag dat ons geen toegewings sal maak nie. Paulus sê ons is "meer as oorwinnaars" (Rom 8:37). Is ons? Is ek? Wandel ek met Jesus Christus en staan ek vas wanneer dit nodig is? Of bly ek kragteloos ten spyte daarvan dat ek agter Hom aan hardloop, omdat ek iets van myself terughou? Sak ek uit?

Ek en u het die keuse. As ons kies om te volg waarheen God ons lei, sal die Heilige Gees ons help om ons besluit uit te voer. Ons sal God se trou deur al die geslagte ontdek – 'n trou wat in die hemel geanker is. In plaas daarvan om geestelik ten gronde te gaan, begin ons dan geestelik groei.

2 Wanneer vrees jou oorval, hang jou standvastigheid af van jou persoonlike afhanklikheid van God

Oorwin vrees

Die verligte wysters van die horlosie sê dit is 2.00 voormiddag. Om nie my man wakker te maak nie, rol ek versigtig op my ander sy en draai my kussing 'n slag om. Ek kan maar nie die plaaslike en nasionale nuusberigte uit my gedagtes kry nie. Die gebeure waaroor verslag gelewer is, die vrae wat geopper is en die vrees wat daardeur gewek is, spook by my, selfs nadat ek die TV afgeskakel het. 'n Knaende onrus maak hom van my meester.

Wat nou as . . . ? Ek kan die vraag nie ignoreer nie. Wat as al die dinge wat ons vrees, bewaarheid word? Hoe maklik kan ons beskawing, en ek daarmee saam, ten gronde gaan?

Die wêreld staan vandag op sy tone, asof hy elke oomblik gereed is om die afgrond in te duik. Daar is genoeg rede tot vrees, en dit word luidkeels in elke koerantberig of nuusuitsending verkondig. Die meeste van ons probeer om hierdie vrees te onderdruk, maar dit bly daar. Is dit hoe God wil hê ons moet lewe? Wil Hy hê ons moet gedurig in vrees leef?

Gesonde vrees dien as 'n waarskuwing en weerhou 'n mens daarvan om te na aan die afgrond te beweeg. Soms is dit dus goed, maar dit kan ook vernietigend wees. Vrees vir 'n mislukking dryf 'n mens uit om vir die eksamen te leer, maar wanneer die vrees te erg word, kan jy nie meer konsentreer nie. Dan doen dit meer kwaad as goed.

Lank gelede het die psalmis gepraat van vrese wat deur omstandighede buite menslike beheer veroorsaak word. In die krag van God het hy hierdie vrese oorwin en vrede gevind: "God is vir ons 'n toevlug en 'n beskerming; Hy was nog altyd bereid om te help in nood. *Daarom* is ons nie bang nie, al gee die aarde pad, al skuif die berge tot in die dieptes van die see, al druis en skuim die waters van die see, al skud die berge deur sy onstuimigheid" (Ps 46:2-4). Hoe kan ons ook hierdie vrede deelagtig word en ongesonde vrese oorwin? Die Here is altyd getrou. Om sy getrouheid te ervaar moet ons die volgende doen:

1. Neem die situasie onder oë

Wanneer 'n mens voor 'n angswekkende situasie te staan kom moet jy kies tussen veg of vlug. Die oggend toe die dokter vir my sê dat ek kanker het, moes ek 'n keuse maak of ek gaan voorgee dat ek hom nie gehoor het nie en of ek eerlik moet vra: "Wat gaan met my gebeur?"

Die vernaamste bron waaruit ek krag kon put om die vrees te hanteer, was die seker wete dat ek 'n Christen is. Dít is waar die stryd teen vrees gewoonlik begin. Die slegste kan deur die ewige lewe oorwin word.

Om vrees te probeer opsy stoot en te weier om daaroor te dink, vererger net die situasie. 'n Verpleegster wat met kankerpasiënte werk, het eenmaal vir my gesê dat sy niks kan doen om hulle te help voor hulle aanvaar dat hulle kanker het nie. Net so sluit ons ons van God se hulp af as ons weier om te sien wat om ons aangaan en probeer wegskram van die moontlikheid van katastrofiese gebeure.

In antwoord op 'n vraag van sy dissipels het Christus 'n hele paar tekens genoem wat die einde van die wêreld sal voorafgaan: vals Christusse, die een koninkryk sal teen die ander opstaan, oorloë en gerugte van oorloë, hongersnode, aardbewings, vervolging en 'n toename in sonde. Maar ten spyte van hierdie tekens kan ons altyd sy woorde onthou: ". . . wie tot die einde volhard, sal gered word" (Matt 24:13).

Jesus sou dit nie gesê het as Hy nie vir ons die krag gee om te volhard nie. Meer nog: Hy gee ook 'n positiewe teken, waarskynlik om dié wat volhard, aan te moedig: "En hierdie evangelie van die koninkryk sal in die hele wêreld verkondig word, sodat al die nasies die getuienis kan hoor. Eers dan sal die einde kom" (v 14).

2. Besef dat die hantering van probleme deel is van die groeiproses

Wanneer 'n mens vir die eerste keer voor iets te staan kom wat jou bang maak, is jy baie kwesbaar. Die geringste ding kan jou dan onklaar betrap. Soos in my geval. Na ek van my siekte gehoor het, het mense graag vir my van ander kankerpasiënte vertel, hoe hulle gely en gesterf het. Ek moes ernstig bid dat die Here my beskerm teen die ontsteltenis wat dit in my wakker gemaak het. Op grond van Romeine 12:2 het ek gebid: "Here, verander my, moenie toelaat dat vrees my lewe oorheers nie."

As antwoord het God my daarop gewys dat dit nie die afwesigheid van vrees is wat belangrik is nie, maar wat ek daaromtrent gaan doen.

Daarna het die Gees my gelei tot 'n volgende vraag: "Wat is die ergste wat met my as kankerlyer kan gebeur?" Ek mag sterf soos die dokters gewaarsku het. Maar was dit regtig die ergste? Wat ek werklik gevrees het, was die lyding wat ek dalk voor my dood kon deurmaak.

En dit is ook ons reaksie as ons hoor wat daar in ons onstuimige wêreld aangaan.

Elke mens, wie hy ook al mag wees, se grootste vrees is die moontlikheid dat hy sal ly. Mense sê dikwels: "Kernoorlog is nie my grootste vrees nie. Wat my regtig bang maak, is die gedagte dat ek dit dalk kan oorleef." 'n Mens dink dat lyding 'n probleem is wat jy nie sal kan hanteer nie. Wat nou as jy beheer verloor oor jou omstandighede? Tog het Jesus belowe: "Ek is by julle al die dae tot die voleinding van die wêreld." Dit beteken dat Hy ook by ons is wanneer ons ly. Wie kan beter verstaan wat lyding beteken? Wie stel ons in staat om te oorwin, wat ook al gebeur?

3. Wees stil

Spreuke 9:10 lees: "Die beginsel van die wysheid is die vrees van die Here, en kennis van die Heilige is verstand" (1953-vertaling).

Wanneer 'n mens God op hierdie wyse vrees, plaas jou verering vir Hom alles in perspektief. *Sonder* God het ons ontelbare, *werklike* redes om te vrees; *met* God het ons geen rede om beangs te word nie. Die Gees van Jesus in ons word die krag wat ons in staat stel om selfs die grootste vrees te oorwin.

Net die Here is groot genoeg. Ons leer God ken deur 'n persoonlike verhouding en 'n deeglike studie van die Skrif. Om effektief op te tree teenoor vrees is dit noodsaaklik dat ons op God moet vertrou om deur die Skrif met ons te praat. Wat die Bybel sê, is waar en ons kan daar positiewe hulp vind om elke situasie te hanteer.

Wanneer ons omstandighede die vrees in ons wil opjaag, het ons nodig om stil te word. 'n Jong vrou het eendag gesê: "Toe ek met my man se ontrouheid gekonfronteer is, was ek so ontsteld dat my gedagtes rondgespring het. Wat gaan met my gebeur? Op daardie oomblik het ek onthou: 'Bedaar en erken dat Ek God is'" (Ps 46:11).

4. Maak plek vir die beste

Net een ding kan dieselfde ruimte op dieselfde tyd vul. Daarom leer die Bybel ons ook: Die ware liefde dryf die vrees uit. Die twee dinge kan nie saam bestaan nie. Ek wil 'n paar stappe noem om hierdie "uitdryf" moontlik te maak:

Vind die beloftes. Die Bybel is vol heerlike troosryke beloftes. Dink maar net aan Deuteronomium 33:12: "Wie deur die Here bemin word, is veilig by Hom, skuil altyd by Hom en leef onder sy beskerming." Vra die Heilige Gees om jou oë oop te maak vir wat Hy werklik in sy Woord belowe.

Gryp die belofte aan. Wanneer die Heilige Gees 'n belofte van God in sy Woord vir my uitwys, moet ek glo dat daardie woorde vir my 'n persoonlike boodskap inhou. Ek eien dit vir myself toe en my gees sê vir die Gees van God: "Here, die teksgedeelte is *vir my*. Baie dankie!"

Dank en prys God. As ons God loof en prys, laat dit die vrees soos dou voor die sonlig verdwyn. En as ons vir ons werklik die beloftes toe-eien en glo dat die Heilige Gees met ons persoonlik praat, kan ons nie anders as om God te dank en te jubel oor sy almag en beskerming nie.

Hou vas aan die beloftes. God se beloftes is 'n rots in 'n *wêreld wat gedurig verander. Wanneer 'n vrees waaroor ek reeds tot God gebid het, weer by my opkom, gaan ek terug na die belofte wat Hy vir my belig het. Knielend sê ek dan: "Ek glo in u Woord selfs al kan ek nog nie sien wat dit vir my gedoen het nie." Ek herhaal dan die belofte tot ek vrede in my gemoed kry. Snags raak ek aan die slaap met die belofte van God in my gedagtes: "Wie deur die Here bemin word, is veilig by Hom . . ." (Deut 33:12).*

5. Herken God se stem

Dit is blykbaar deel van God se soewereiniteit dat Hy 'n vermeerdering van eindtydtekens toelaat in 'n tydperk waarin massakommunikasie ons daagliks in staat stel om te weet wat wêreldwyd gebeur. Om kennis te neem van die een krisis na die ander kan oorweldigend wees, maar aan die ander kant help dit ons ook om die tekens wat Christus reeds genoem het te herken.

Terwyl ons op 'n dag na 'n verslag oor 'n nuwe krisis in die Midde-Ooste luister, het ek vir my man gesê: "Die toestand verontrus my. Dit herinner my aan wat die Bybel sê."

Later, toe ek weer oor die nuusberig dink, het ek begin wonder: *Waarom is ek bang oor gebeure wat my aan die Bybel herinner? Dit behoort my te troos, want dit beteken dat die Here in beheer* is. Die oomblik toe ek die situasie vanuit daardie perspektief benader, het ek vrede gevind.

Terselfdertyd moet ons God se waarskuwings herken. Amos het gesê: "Die Here God doen niks as Hy nie sy besluit bekend gemaak het aan sy dienaars die profete nie" (Amos 3:7). Ons moet die stem van God duidelik genoeg hoor om die verskil tussen sy waarskuwing en die kwelling wat van Satan kom, te onderskei. Satan maak ons bewus van verskillende moontlike katastrofes wat 'n verlammende vrees laat ontstaan en die gevoel laat posvat dat die wêreld sonder hoop is. God, daarenteen, wys ons op die dinge om ons bewus te maak van die behoefte aan voorbidding, berou, en geestelike, emosionele en fisieke voorbereiding.

God het ons lief, maar as ons gedurig sy wil vir ons lewe afwys, dwing Hy nie sy beskerming op ons af nie. Wanneer ons volgens God se wil probeer lewe, ontdek ons ons grootste beskerming – die wete dat God by ons is. "Omdat hy My liefhet, sal Ek hom red," sê die Here, "omdat hy My ken, sal Ek hom beskerm. Wanneer hy My aanroep, sal Ek sy gebed verhoor; in sy nood sal ek by hom wees . . ." (Ps 91:14, 15).

Om God se beskerming te geniet beteken nie dat Hy ons altyd van moeilike omstandighede sal vrywaar nie, selfs al verkies ons dit so. By monde van Jesaja het God gesê dat Hy ons *deur* "die water . . . die riviere . . . vuur" (Jes 43:2) sal neem. Dikwels beskerm God ons te midde van ons omstandighede. Ná drie en twintig jaar in Russiese tronke en Siberiese strafkampe het die Jesuïete-priester, Walter Ciszek, geskryf: "Geen boosheid kon my aanraak solank God by my was nie."

Wanneer ons op God se leiding reageer, maak Hy ons vry om vrede en 'n koninkrykslewe te ervaar: "Omdat Noag geglo het, het hy God eerbiedig gehoorsaam toe hy gewaarsku is oor dinge wat nog nie gesien kon word nie. Daarom het hy die ark gebou om sy huisgesin te red. Sy geloof was 'n veroordeling van die wêreld, maar dit het hom erfgenaam gemaak van die vryspraak wat deur die geloof kom" (Heb 11:7).

6. Plaas jou wil aan die kant van geloof

Geloof is 'n gawe van God, maar ons het die keuse of ons die Gees gaan toelaat om ons geloof te versterk. 'n Sekere jongman, John Davidson, vra elke keer as hy per vliegtuig reis vir die Here die geleentheid om op die vlug met iemand te praat. Na die gebed neem hy dan sy Bybel en lees daarin sodat die mense kan sien dat hy 'n Christen is.

Op 'n keer het 'n meisie langs hom kom sit en dadelik gevra: "O, is jy 'n Christen? Ek het vir God gevra om iemand te stuur met wie ek kan praat." Sy het vir John vertel dat sy bang was om te vlieg en haar hemelse Vader gebid het om Christelike geselskap. Nie alleen het sy haar vrees onder die oë gesien nie, maar sy het ook spesifiek hulp gevra om dit te oorwin.

"Vrees," sê John, "kan 'n mens òf oneffektief laat optree òf dit kan jou motiveer." Hy probeer om vrees te gebruik as 'n motiveringskrag omdat hy weet dat wanneer God hom deur moeilikhede lei, dit hom as persoon sal versterk. "Hoe moeiliker die dinge wat jy aanpak," sê hy, "hoe 'n sterker Christen word jy." Deur God se genade kan hy deur die rookskerm van onveiligheid breek, sy vrese oorwin en ontdek dat God aan die ander kant is.

Wanneer ons aan die toekoms dink, is daar 'n geheime vrees in ons wat ons nie eens teenoor onsself wil erken nie: "Kan ek God vertrou? Is Hy magtig genoeg om selfs my omstandighede te hanteer?"

Ná jare in Russiese tronke en strafkampe het Walter Ciszek nagedink oor wat dit beteken om volledig op God te vertrou. Hy skryf: "God het gevra dat ek myself totaal moet oorgee en niks moet terughou nie. Dit het absolute vertroue geverg, vertroue in God se bestaan, in sy voorsienigheid, in sy belangstelling – in selfs die kleinste dinge, in sy krag om my te steun en in sy liefde om my te beskerm. Dit het beteken dat ek die laaste verborge twyfel moes verban, die vrees dat God nie daar sal wees om my op te rig nie."

Die verborge twyfel, die laaste vrees, word oorwin deur die daaglikse ervaring van God se teenwoordigheid. Hoe groter ons vrees, hoe meer besef ons dat die situasie bo ons vuurmaakplek is en dat net God ons kan help. In hoe 'n mate ons staande gaan bly, hang direk af van ons persoonlike afhanklikheid van Hom.

Emosies ontstaan willekeurig, of ons dit nou so wil hê of nie. Tog het God ons geskep met die vermoë om te kan kies. Hy het ook die Heilige Gees aan ons geskenk om ons die regte keuses te help maak. Wanneer ons ons wil aan die kant van geloof plaas, sê ons in beginsel: "Ek glo God wil hê ek moet vol vertroue voortgaan omdat Hy my die toekoms in lei."

Paulus het geskryf: "Die Gees wat God ons gegee het, maak ons immers nie lafhartig nie, maar vul ons met krag en liefde en selfbeheersing" (2 Tim 1:7). Ons weet ook: "Waar liefde is, is daar geen vrees nie . . ." (1 Joh 4:18). Namate ons die liefde van die Gees in ons binneste toelaat, sal ons vrese verdwyn. Liefde is sterker as vrees. In die mate wat ons ons gedagte met sy beloftes vul, sal ons leer dat vrees oorwin kan word, nie deur ons eie toedoen nie, maar deur God. Dan word ons gesindheid soos dié van die psalmis: "Maar ek vertrou op U, Here, ek sê: U is my God. My tye is in u hand" (Ps 31:15–16).

3 Wanneer jy God eerlik soek, gewillig om te luister, sal Hy met jou praat

Jy kan die stem van God hoor

Jy is verward, van koers af, of seergemaak en het troos nodig. Jy is bang, vol vrees en jy twyfel of God jou gebede hoor. Miskien sê jy selfs: "Ek is nie seker of dit regtig die Here is wat met my praat nie. Miskien verbeel ek my maar. Hoe kan ek seker *weet* dit is Hy?"

Hoe moeiliker ons situasie, hoe nodiger het ons God se leiding. Ons moet sy stem herken wat vir ons sê: "Hier is die pad, loop hierlangs" (Jes 30:21).

In sy getrouheid skenk God aan ons verskillende maniere waarop ons sy stem kan hoor en kan herken:

Die Skrif

Een van my vriendinne sê altyd: "As ek voor iets nuuts te staan kom of voor iets wat my bang maak, probeer ek om eers alleen met God te wees voor ek met ander mense praat."

Wanneer ons stil is voor God, gee ons Hom die geleentheid om met ons te praat. As ons die Bybel gereeld lees en die Heilige Gees om leiding vra, leer ons om die lig te herken wat Hy op die teks werp. Dit is of die betekenis van die woorde dan meteens duidelik uitstaan en direk tot ons spreek. Gedeeltes wat ons vroeër nie verstaan het nie, maak dan vir ons sin en ons weet, onder leiding van die Heilige Gees: Dit is God wat nou met my praat.

Ons ontvang hulp van die Here in dieselfde mate as wat ons afhanklik is van Hom. Om dié afhanklikheid te bereik is dit nodig dat ons sal glo dat God bedoel wat Hy sê. Deur die Bybel gee Hy vir ons 'n voorskrif vir die lewe. Wat die Woord van God as verbode beskou, *is* verbode, en wat die Woord heilig ag, *is* heilig.

As ons die gesag van die Skrif erken, glo ons dat God nie lieg nie, maar ons lei op 'n wyse wat met sy karakter ooreenkom (Heb 6:17–20). Hieruit kom ons eerste beveiliging.

Alle leiding, bemoediging of antwoorde op gebed moet gevind word in die Bybel en moet ooreenstem met die algemene waarhede wat daarin vervat is.

Innerlike gerusstelling en versekering

Wanneer 'n mens die wil van God soek, kan jy soms eers leiding uit die Skrif ontvang. Op 'n ander keer kan jy eers die innerlike versekering ontvang wat dan deur die Bybel bevestig word. Baie Christene beskryf hierdie innerlike leiding soos Elia dit ondervind het – as 'n stem diep binne-in jou.

Deur daardie stem betoon God sy betrokkenheid by ons op al die terreine van ons lewe. In kommunistiese lande het die Heilige Gees Christene tree vir tree na die huis van vreemdelinge gelei waar hulle by ander Christene skuiling gevind het. In tye van vervolging het die Heilige Gees plekke en tye van byeenkoms bepaal. Elke gelowige in die groep was teenwoordig.

Aangesien 'n mens sowel God as Satan se stemme kan hoor, is dit belangrik om ter beveiliging dié gebed te onthou: *"Here, as hierdie gedagte van U af kom, versterk dit: indien nie, neem dit asseblief weg."*

Ons vermoë om die stem van die Gees te hoor en te herken groei met ondervinding. Wanneer jy twyfel of jy iets moet doen, vra jouself af: *"Word ek gelei om iets te doen wat in ooreenstemming is met Christus se liefde vir alle mense?"* 'n Handeling wat nie ooreenkom met God se bevel om mekaar lief te hê nie, geskied nie onder sy leiding nie.

Deur die Bybel en innerlike versekering vorm ons dikwels 'n idee wat God wil hê. Dan kan Hy een van die volgende metodes gebruik om die riglyne te versterk:

Regverdige leiding

Salomo het gesê: "Sonder oorwoë leiding val 'n volk; die redding lê in baie raadgewers" (Spr 11:14), maar baie hang af van wie die raadgewers is. Vriende kan ons aanmoedig om iets te doen wat kan uitloop op lewenslange hartseer. Daarom moet ons raadgewers volwasse Christene wees met 'n insig in hoe God met sy mense werk.

As raad teenstrydig is met die Bybelse waarheid, moet daar vir ons 'n rooi lig opgaan. 'n Mens het as raadgewer iemand nodig wat ook God se langtermyn-plan vir jou lewe verstaan. Toe Jesus aan sy dissipels gesê het dat Hy na Jerusalem moet gaan om te ly en te sterf, het Petrus geen begrip gehad vir Christus se aardse sending nie; "Nee, Here, dit sal tog nie met U gebeur nie," het hy gesê. Hy was 'n dissipel, 'n volgeling van Jesus, en tog het Christus geweet wat sy vriend Petrus nou sê, is nie volgens die wil van God nie. Daarom het Hy vir Petrus beveel om stil te bly.

Gevoel van vrede

As 'n mens om die leiding van die Heilige Gees gevra het vir 'n bepaalde besluit wat jy in jou lewe moet neem, sal die gemoedsrus wat daar in jou is ná jy gekies het, ook vir jou 'n bewys wees dat jou keuse die regte was.

Paulus het geskryf: "En die vrede wat Christus gee, moet in julle lewens die deurslag gee" (Kol 3:15). Dit is 'n innerlike wete wat by 'n mens posvat, ongeag die omstandighede. Dit dien as 'n veiligheidsmaatreël, want *as jy nie vrede ondervind nie, moet jy nie voortgaan met 'n saak nie.* Dan moet jy liewer weer jou besluit in heroorweging neem, want om volgens die wil van God te lewe, bring *altyd* vrede en die besef dat jy die regte koers gekies het.

Bevestigende omstandighede

Dink aan hoe God die geboorte van sy Seun aangekondig het: "En dit is vir julle die teken: julle sal 'n kindjie vind wat in doeke toegedraai is en in 'n krip lê" (Luk 2:12). God gee tekens om geloof aan te moedig, maar Hy wil nie hê 'n mens moet so besig wees om daarna te soek dat jy nie die pad raaksien wat Hy vir jou baan nie. Hy wil ook nie hê jy moet tekens gebruik om Hom te toets nie, of die tekens minag uit ongeloof nie. Wanneer jy jou bes gedoen het om te luister na die Gees se leiding en om sy wil te onderskei, sal God jou eerlike versoek om hulp seën. Dit is nie 'n teken van gebrek aan geloof om Hom te vra om sy leiding te bevestig nie.

Tekens mag dui op omstandighede wat vir jou deure oopmaak. Alle geleenthede is egter nie "oop deure" nie. Matrikulante kom byvoorbeeld te staan voor so 'n groot verskeidenheid moontlikhede vir 'n loopbaan of verdere studie dat 'n keuse onmoontlik lyk. 'n Oop deur, daarenteen, volg op 'n spesifieke gebed sodat alles tree vir tree op die regte plek inpas. Hierdie omstandighede word so perfek gereël dat net God daarvoor verantwoordelik kan wees. Soos die psalmis gesê het: "Die Here bepaal die koers van die mens met wie se pad Hy tevrede is . . ." (Ps 37:23). As ons seker is dat Hy ons koers bepaal, moet ons gaan waarheen Hy ons lei, anders kan ons sy leiding verloor.

Toe deure kan selfs 'n duideliker koers aandui. Toe Paulus na Asië wou gaan, het die Heilige Gees hom verhinder (Hand 16:6–7).

Tog het die aanvanklike mislukking in sukses verander toe Paulus sy sendingwerk in Europa begin het.

Soms gebruik die Gees die woorde van ander om 'n saak te bevestig. 'n Vriend kan sê: "Die Here het vir my gesê om met jou te praat." As jy twyfel of jy dit kan glo, onthou hierdie veiligheidsmaatreël: *As God wil hê jy moet iets doen, openbaar Hy dit gewoonlik eers aan jou, dikwels deur die Skrif, en dan gebruik Hy mense of situasies om dit te bevestig.*

Paulus was bewus van die gevaar om na Jerusalem te gaan, maar hy is daartoe gedring deur die Gees (Hand 20:22–23). Later het die profeet, Agabus, Paulus se gordel gevat, sy eie hande en voete daarmee vasgebind en gesê: "So sê die Heilige Gees: Die Jode sal in Jerusalem die eienaar van hierdie gordel net so vasbind en hom aan die heidene uitlewer." Dit was die voorbereiding vir Paulus se triomfantlike getuienis as gevangene (Hand 21:4, 10–14).

God se voorsienigheid

Deur bevestigende omstandighede en voorsiening gee God sowel 'n belofte as 'n veiligheidsmaatreël: *As God wil hê jy moet iets doen, sal daar 'n manier wees waarop dit gedoen kan word.*

Hudson Taylor, die groot sendeling, het gesê: "Waar God lei, voorsien Hy . . . God se werk op God se tyd, op God se manier, sal nooit sonder God se voorsienigheid wees nie. Soms kom geld in 'n ronde som, tot op 'n sent korrek. Ander kere kom dit drupsgewys asof God ons geloof wil toets. Soms was ek dankbaar dat daar geen geld was vir wat ek wou doen nie. Ek sou God se plan vooruit gehardloop het."

Daar is 'n vraag wat opkom by elkeen van ons wat God se stem wil hoor. Dit is nie 'n vraag wat ons ligtelik vra nie, die nood en verwarring van ons tyd dwing ons daartoe. En as jy daagliks in Christus Jesus se voetspore volg, sal die Heilige Gees geleidelik die antwoord aan jou ontvou en jou sodoende in staat stel om deur die geloof te lewe.

Die vraag? "Here, wat wil U vir my sê – vir my as enkeling, as lid van 'n gesin, as deel van die liggaam van Christus – aangaande die tye wat voorlê?"

En dan kom die antwoord uit die Skrif: "Ek weet wat Ek vir julle beplan, sê die Here: voorspoed en nie teenspoed nie; Ek wil vir julle 'n toekoms gee, 'n verwagting! Dan sal julle My aanroep, tot My kom bid, en Ek sal julle gebede verhoor" (Jer 29:11, 12).

Daarom kan ons bid: "Here, help my om u mens te wees, op u plek, op u tyd."

4 As 'n mens bekommerd is, sê jy daarmee: "Here, U gaan nie vir my sorg nie." Hy wíl jou help . . .

Ontsnap uit die tronk van bekommernis

'n Christen-sakeman is gearresteer vir 'n oortreding wat hy nie begaan het nie. "Hulle het my hande geboei en my na die polisiekantoor geneem, my in 'n klein, vuil sel opgesluit," het hy vertel. "Al wat daarin was, was 'n ou ysterkatel. Ek wou kwaad en terneergedruk wees, maar ek kon eenvoudig nie. Ek wou bekommerd wees oor hoe ek gaan uitkom. In plaas daarvan het ek op die ysterkatel gaan lê en begin bid. Binne tien sekondes was ek vas aan die slaap. Om half-nege die volgende oggend moes die polisie my vir ontbyt wakker maak. My rug was seer van die ysterpyp wat heelnag lank daarteen gedruk het, maar ek het meer uitgerus gevoel as in jare."

In ons almal se lewe – jonk en oud, man en vrou – kom daar die een of ander tyd bekommernis wat so groot is dat jy voel jy kan nie daaroor bid nie, wat nog te sê glo dat jou gebed verhoor sal word. Verder is dit ook so dat die mens wat maklik en baie daaroor praat, nie noodwendig die mens met die grootste sorge is nie. Jy kry die soort mens wat uiterlik baie kalm voorkom, maar innerlik geweldig gespanne is.

Of bekommernis kan ons bang en onseker maak om 'n taak aan te pak. Ons is so onseker van onsself dat ons ons pligte gedurig uitstel en heeltemal daadloos word.

Bekommernis kom ook dikwels tot uiting in opstand. Dit sien ons dikwels in die gedrag van kinders wat hulle so bekommer oor hul ouers se situasie, byvoorbeeld wanneer daar spanning in die huis is, dat hulle teen hulle ouers in verset kom.

Hoe kan 'n mens God se getrouheid of sy vrede ervaar wanneer jy voel dat bekommernis besig is om jou lewe te vernietig? Kom ons oorweeg sewe metodes wat ons kan help om uit die gevangenis van kommer te ontsnap:

1. Ontvang insig

Kommer is 'n aansteeklike siekte wat blykbaar oorerflik is. As 'n mens toegee daaraan en nie doelbewus daarna strewe om die kommerpatroon in jou lewe te verbreek nie, kan dit 'n gewoonte word wat van die een geslag na die ander oorgedra word. Ons leer ons kinders om die lewe op 'n sekere manier aan te pak. As ons elke dag en elke situasie met kommer tegemoet sien, sal ons kinders dieselfde doen. As ons die lewe in geloofsvertroue aanpak, sal ons kinders dit ook doen.

William Barclay skryf: "God se reddingsmag is nie iets waarmee 'n mens speel of eksperimenteer nie. Dit is iets waarop ons elke dag rustig moet vertrou." As jy *nie* 'n Christen is nie, behóórt jy bekommerd te wees, want dan het jy nie die belofte van 'n ewige lewe of die belofte van die sorgende genade van God nie. Maar as jy 'n Christen is, is dit 'n ander saak.

As 'n mens jou bekommer, sê jy in werklikheid daarmee: "Here, U gaan nie vir my sorg nie," of "U gaan nie oor my geliefdes waak nie." In plaas daarvan om op God te vertrou, vertrou ons op ons eie vermoë om ons lewe of dié van ander te beheer. Ons vrylating uit die gevangenis kom wanneer ons besef wat bekommernis werklik is, naamlik die sonde van ongeloof, en dit dan voor God bely. Kommer verhinder die Here se werk in 'n mens se lewe. Hy weet lank voor die tyd wat met ons gaan gebeur en het ook 'n Goddelike doel daarmee, maar bekommernis plaas 'n staalraam om wat God vir ons wil doen. Ons is nie pionne wat God op 'n skaakbord volgens sy plan rondskuif nie. Hy het aan die mens 'n vrye wil gegee en sal ons nie dwing om volgens sy heerlike raadsbesluit te leef nie. En as ons ons bekommer, sê ons daarmee dat ons téén God se plan kies en dat ons nie aanvaar dat sy wil vir ons die beste is nie. So verhinder ons Hom om vir ons die beste te gee.

2. Maak 'n keuse

Ons oefen elkeen elke dag sekere voorkeure uit. Wat gaan ons vandag eet? Watter klere moet ek koop? Moet ek hierdie werk nou doen of later? Elke keer as ons 'n keuse moet maak, oorweeg ons eers wat die beste is vir ons. Dan kies ons in die geloof dat ons die verskil tussen goed en kwaad of goed en beste, ken.

Bekommernis beteken óók dat ons moet kies. Moet ons toelaat dat bekommernis ons vasboei? Of moet ons die situasie voor God bring en Hom toelaat om iets daaromtrent te doen? Soos iemand eenkeer gesê het: "As jy jou bekommer, waarom bid jy? As jy bid, waarom bekommer jy jou?"

Die beste manier om bekommernis die hoof te bied, is om die Here te soek totdat ons sy beloftes oor die dinge wat ons so ontstel, in sy Woord gevind het. (Kyk weer na die vier stappe in hoofstuk twee.) As ons dan op die Heilige Gees vertrou, sal Hy ons die krag gee om volgens daardie belofte te lewe. Soos Dawid gesê het: "Sommige vertrou op strydwaens en ander op perde, maar óns, ons vertrou op die Naam van die Here ons God. Húlle sal struikel en val, maar óns sal regop en vas bly staan" (Ps 20:8, 9).

3. Hou dit eenvoudig

Talle kere het ek tye beleef waarin ek so bekommerd was dat ek gevra het: "Jesus, bid asseblief vir my," of "Heilige Gees, bid deur my" (kyk Luk 22:32; Joh 17:20; Rom 8:26). Ons kan ons gebed eenvoudig hou. Die Here sal ons hoor en verstaan, selfs al roep ons net uit: "Help!"

Daar is verskillende maniere om te sê wat 'n mens behoort te doen wanneer ons bid oor 'n saak wat ons bekommer. Iemand sal sê: "Gee jou probleme oor aan die Here." Die Skrif sê: "Werp al julle bekommernisse op Hom, want Hy sorg vir julle" (1 Pet 5:7). Of ons kan bid: "Here, ek laat die saak in u hande." Hierdie gebede beteken in hoofsaak dieselfde. Maar nou kan 'n mens wel wonder: Presies hoe moet ek te werk gaan? Hoe werp ek my bekommernisse op die Here?

Kom ons vergelyk dit met die gee van 'n geskenk. Kom ek verbeel my nou dat ek al my probleme in 'n doos pak. Ek hou van my bekommernisse, of so lyk dit altans, want ek dink gedurig aan hulle asof hulle iets baie spesiaals is. Daarom draai ek hulle toe met mooi papier en 'n groot, rooi strik.

Nou het ek die keuse. Gaan ek die geskenk vir myself hou en nie toelaat dat dit my lewe verlaat nie? Of gaan ek dit vir die

Here gee? As ek gewillig is, gee die Heilige Gees aan my die vermoë om 'n probleemsituasie aan God te gee soos dit gegee behoort te word – sonder om dit weer terug te neem.

4. Die eintlike brandpunt van jou lewe

Ons bekommer ons gewoonlik oor die "sê nou maar". Sê nou maar dit of dat gebeur? Sê nou maar dit gebeur *nie*? Uiteindelik kom dit neer op die vraag: "Wat sal met *my* gebeur?"

Die kanse is nege-en-negentig persent dat dít waaroor ons ons so bekommer, nooit sal plaasvind nie. Tog kan dit gebeur dat ons bekommernis oor iets juis die probleem na ons toe aantrek. 'n Man wat bekommerd is dat hy 'n maagseer kan kry, maar niks doen om sy leefwyse te verander nie, programmeer homself om wel 'n maagseer op te doen.

Soms kan bekommernis ontstaan as gevolg van ons weiering om te veg en te bid teen die aanvalle van die Bose. As ons die Heilige Gees toelaat in ons lewe, sal Hy die brandpunt van ons eie ek wegneem en dit plaas waar dit hoort – in God. Hy bring ons tot die besef dat *ons nie kan nie, maar dat Hy kan.*

Jesaja het reeds hieroor gepraat: "Gee aan hulle vrede en voorspoed, Here, want hulle het hulle vertroue op U gestel" (Jes 26:3). Wanneer ons vertroue op God gestel is, word ons gees standvastig, en 'n standvastige gees bring stabiliteit in ons hele lewe.

Die psalmis het geskryf: "Ek het die Here altyd by my: omdat Hy by my is, sal ek nie struikel nie" (Ps 16:8). Die resultaat is interessant: "*Daarom* is ek bly en juig ek en voel ek my veilig" (Ps 16:9).

Dink nou maar aan 'n algemene probleem: ons werk. Te dikwels wil dit voorkom asof ons nie pligsgetrou en toegewy is tensy ons ons bekommer nie. Ons moet ons verantwoordelikhede in elke opsig so goed as moontlik nakom, maar bekommernis kan ons verhinder om ons beste te lewer. In *The Christian's secret of a happy life* verduidelik Hannah Whitall Smith:

> If the work is His, the responsibility is His, also, and we have no room left for worrying about results . . . the most effectual

workers I know are those who do not feel the least care or anxiety about their work, but who commit it all to their dear Master, and, asking Him to guide them moment by moment in reference to it, trust Him implicitly for each moment's needed supplies of wisdom and strength (Revell, 1942; pp 135–136).

Om die verantwoordelikheid van ons werk op God te plaas, beteken nie dat ons ons plig kan versaak nie. Inteendeel, ons word dan juis vrygemaak om ons bes te doen omdat ons nie die las hoef te dra nie.

5. Leer om te rus

Iemand het eenkeer vir my gesê: "As alles goed gaan, bekommer ek my omdat daar niks is om oor bekommerd te wees nie. Dan is ek seker iets aakligs gaan gebeur."

'n Vrou wat ek goed ken, het besef dat daar 'n leemte in haar lewe is. Sy het gevra: "Waarom het ek nie daarin geslaag om as Christen te groei soos dit hoort nie?"

Ek het stilweg gesê: "Ek dink dit is omdat jy nie geleer het om te rus nie." Daarby het ek natuurlik bedoel dat sy op God moet vertrou.

Haar oë was vol trane: "Lois, twee ander mense het vir my presies dieselfde gesê."

Ons het die Here gevra vir meer krag in haar gebedslewe en vir die genade om op Hom te vertrou. Maande later het ek gehoor hoe God hierdie gebede verhoor het. Sy het oor haar dogter se probleme gepraat en toe bygevoeg: "Ek weet nie wat in hierdie geval die beste is nie, maar die Here help my om te rus."

Wat beteken dit om te rus? Ek dink dit is om op 'n bed te gaan lê. Niemand kan 'n ent bokant 'n matras slaap omdat jy nie die vermoë het om 'n situasie te hanteer nie. 'n Mens rus slegs wanneer jy jou liggaam toelaat om deur die matras ondersteun te word.

So is dit ook met bekommernisse. God se liefde is die matras. Hy wil ons ondersteun, maar as ons uit gewoonte onsself bokant die matras van sy liefde probeer hou, rus ons nooit.

Salomo het gesê: “Vertrou volkome op die Here en moenie op jou eie insigte staat maak nie” (Spr 3:5). Dit is so dat ons vandag vertrou op dít wat ons verstaan of op die dinge wat deur menslike insig geskep is. God verwag van ons om te glo dat Hy weet wat Hy doen, selfs wanneer ons deur omstandighede vasgevang is. Hy wil hê ons moet sy stem hoor en sy wil herken. Verder kan die Here ons roep om radikale geloofsspronge te neem omdat ons ons vertroue op Hom gestel het.

Om te leer rus is nie slegs ’n jaarlikse, maandelikse of selfs weeklikse projek nie. Om aan die slawerny van bekommernis te ontkom moet ons elke oomblik op God vertrou. Die behoefte moet ons altyd nederig hou, want selfs die vermoë om te rus is ’n gawe van God. Ons het die krag van die Heilige Gees daarvoor nodig. God neem altyd die inisiatief in ons lewe en maak dit vir ons moontlik om op Hom te reageer. As ons ons deel doen, word ons in staat gestel om die belofte waarvan die psalmdigter praat, uit te leef: “Hy wat in die skuilplek van die Allerhoogste sit, sal vernag in die skaduwee van die Almagtige . . . Hy sal jou dek met sy vlerke, en onder sy vleuels sal jy skuil, sy trou is ’n skild en ’n pantser” (Ps 91:1, 4: 1953-vertaling).

6. Weier om bekommernisse terug te neem

Martin Luther het op ’n keer gesê: “Ek het baie dinge in my hande gehou, en alles verloor; maar wat ek ook al in God se hande geplaas het, besit ek nog steeds.”

As ons bid: “Here, ek werp my bekommernis op U,” gee ons die probleem aan Hom oor. Wanneer ons iets aan iemand oordra, gee ons dit in sy bewaring. Paulus skryf uit die gevangenis: “Om dié rede ly ek ook hierdie dinge. Maar dit skrik my nie af nie, want ek weet op wie ek vertrou, en ek is daarvan oortuig dat Hy magtig is om wat Hy aan my toevertrou het, tot op die dag dat Hy weer kom, in stand te hou” (2 Tim 1:12).

Indien ons hom toelaat, sal Satan terugkeer om ons te pla oor die dinge wat ons aan God toevertrou het. As iets verkeerd loop, moedig hy ons selfs aan om te dink: “As ek my meer daaroor bekommer het, sou dit nooit gebeur het nie.” Dit help nie om met hom te argumenteer nie. Indien ons dit doen, is dit die eerste tree op die pad na bekommernis. Ons kan egter dadelik bid: "Here, die probleem is aan U toevertrou." Indien nodig herhaal ek die woorde totdat ek weer rus vind vir my gemoed en die vrede van God ervaar.

7. Kanaliseer jou energie in 'n ander rigting

Wanneer iets slegs gebeur, bly ons dikwels vasgevang in bekommernisse in plaas daarvan dat ons die bevrydende krag vir ons toe-eien wat die Heilige Gees tot ons beskikking stel. Of ons dink dit is onmoontlik dat die Bose deur gebed afgeweer kan word.

Uit sy ervaring van die gevangenis, die skipbreuk en sy noue ontkoming aan die dood, skryf Paulus aan die Efesiërs: "Doen dit alles biddend en smeek God by elke geleentheid deur die Gees" (Ef 6:18). Wanneer ons in die Gees bid, gee ons ons volkome aan Hom oor en dan bid Hy deur ons. Ons ervaar God se getrouheid en 'n gevoel van eenheid wat vrede bring.

Gebed is die mees kreatiewe wyse waarvan ek weet om energie te gebruik wat nie op bekommernis verspil word nie. Dit is 'n wonderlike voorreg wat die gelowige van God ontvang: hy kan elke bekommernis sien as 'n aansporing tot gebed.

Namate ons groei tot Christelike volwassenheid leer ons die verskil ken tussen die rus in geloof of die staan om 'n uitdaging die hoof te bied. Wanneer moeilike probleme opduik, reageer ons volgens die gewoonte wat ons in minder moeilike omstandighede gekweek het, òf die gewoonte van bekommernis en kwelling, òf gebed. Wanneer ons gebed kies, bevry die Gees van gebed ons uit die gevangenis.

Dan kan ons sê: "Met God se hulp *sal* ek die uitdaging aanvaar en die probleme te bowe kom."

As kind het ek graag saam met my vader gestap alhoewel ek moeilik bygebly het omdat hy 'n groot man was. Maar toe het ek geleer om my hand in syne te plaas en twee groot treë te gee vir een van syne.

Wanneer ek vertroue nodig het, neem God altyd 'n groter tree as wat ek dink ek kan behartig. Maar as ek my hand in syne plaas, lei Hy my uit die gevangenis van my probleem.

5 Jou geloof word elke dag in die praktyk getoets

Om onder die voorsienigheid van God te leef

Ons het al drie dae lank gereis. Ek het op die agterste sitplek van die motor gesit en was verdiep in 'n pamflet oor vooruitgang en welvaart. "Lois, sien jy dit?" het my man gevra.

Ek het opgekyk en die armoede en ellende aan weerskante van die pad opgemerk: vervalle hutte op pale om termiete te ontmoedig, stoepe wat skeef hang omdat van die stutte ontbreek, sinkdakke. Ek het gewonder of die skuilings nie in die somer bakoonde word nie.

Dit was nie my eerste kennismaking met armoede nie. Dit was ook nie die ergste krotte wat ek al gesien het nie. Tog het daar 'n groot hartseer in my opgewel. Veronderstel nou ek het die geleentheid gehad om met hierdie mense te praat, hoe sou ek die groot verskeidenheid Christelike leerstellinge aangaande finansiële sake met hierdie armoede versoen? Wat kon ek aan 'n Christelike gesin sê wat sukkel met werkloosheid en wonder waarom hulle nie voorspoedig is nie?

Die toets vir ons geloof kom wanneer dit prakties toegepas moet word. Dit was nodig dat ek eers die Bybelse siening oor finansiële sake goed bedink. Wat is God se voorsiening? Hoe kan ek dit in my lewe verwerklik? Ek het die Heilige Gees gevra om my oor die volgende te leer:

Voorspoed en seëning

Ons gebruik dikwels die woord "voorspoed" asof dit slegs materiële oorvloed beteken. Hierdeur beperk ons die werking van die Gees van God in ons lewe. As ons die Bybel goed bestudeer, sien ons dat voorspoed geestelike sowel as materiële oorvloed beteken.

Dink aan Josef se omstandighede by Potifar: "Die Here was

by Josef en dit het baie goed gegaan met hom" (Gen 39:2). Dit beteken dat Josef voorspoedig was. Die volgende vers bevestig dit: "Toe Potifar, Josef se eienaar, sien dat die Here by Josef is en dat die Here alles wat Josef aanpak, laat slaag, was Potifar hom goedgesind" (Gen 39:3).

Verder in dié Skrifgedeelte word die woord "seën" gebruik wat iets meer as voorspoed suggereer: "Van toe af het die Here die huis van die Egiptenaar geseën" (Gen 39:5).

"Seën" is die gawe van God se genade. En sy seën word op baie verskillende maniere aan mense geskenk: vergifnis, verlossing, redding, kos, klere, water, skuiling, reën vir die oes, 'n lang lewe, kinders en vrede eerder as oorlog.

God se voorwaardes

Seëninge soos vergifnis en verlossing is altyd vry – daar is geen voorwaardes aan verbonde nie. In ander Skrifgedeeltes wat oor dissipelskap of geldsake handel, sluit God egter met ons 'n "as/dan"-ooreenkoms. As julle, my volk, dít doen, sal Ek, julle God, dát doen.

U mag dink dat dit tot knegskap sal lei. Inteendeel, met insig kom daar vryheid, want ons ontvang krag van die Heilige Gees. Kyk na die drie volgende teksgedeeltes en let op die skuinsgedrukte voorwaarde en die seëning wat daarop volg:

Maleagi 3: 7–11: God en Israel verkeer in gesprek. "Bekeer julle tot My, dan sy Ek terugkom na julle toe, sê die Here die Almagtige."

"Wat het ons dan verkeerd gedoen?" vra Israel.

God antwoord: "Julle beroof My van tiendes en offergawes."

God het nie doekies omgedraai nie: "Daar rus alreeds 'n vloek op julle en tog bly julle My beroof; die hele nasie doen dit. *Bring die volle tiende na die voorraadkamer toe* sodat daar iets te ete in my huis kan wees *en toets My hierin*, sê die Here die Almagtige. Toets My of Ek nie die vensters van die hemel vir julle sal oopmaak en vir julle reën sal uitgiet, meer as wat julle kan gebruik nie" (Mal 3:9–10).

2 Kronieke 7:13,14: "As Ek die hemel gesluit hou sodat daar geen reën is nie, of as Ek die sprinkaan beveel om die land kaal te vreet, of as Ek pes onder my volk stuur, *en my volk oor wie my Naam uitgeroep is, toon berou en bid en vra na my wil en draai terug van hulle bose weë af,* sal Ek luister uit die hemel en hulle sonde vergewe en hulle land laat herstel."

Lukas 6:38: "Gee, en vir julle sal gegee word: 'n goeie maat, ingestamp, geskud en propvol, sal hulle in julle hande gee. *Met die maat waarmee julle meet,* sal ook vir julle gemeet word."

Die regte motivering

Jesus het ons die versekering gegee dat ons hemelse Vader weet wat ons nodig het (Matt 6:32). Selfs in donker tye van werkloosheid kan ons aan hierdie belofte vashou. Paulus verduidelik hoe ons moet ontvang: "Moet oor niks besorg wees nie, maar maak in alles julle begeertes deur gebed en smeking en met danksegging aan God bekend" (Fil 4:6). Maar te dikwels verander ons behoeftes in hebsug en vergeet ons om te vra: Waarop het ek my hart geplaas? (Matt 6:21).

Jakobus het geskryf: "As julle bid, ontvang julle nie, omdat julle verkeerd bid: julle wil net julle selfsugtige begeertes bevredig" (Jak 4:3). Paulus het gesê: "Elkeen moet gee soos hy hom in sy hart voorgeneem het, nie met teensin of uit dwang nie, want God het die blymoedige gewer lief" (2 Kor 9:7). Jesus het ons herinner: ". . . beywer julle allereers vir die koninkryk van God en vir die wil van God, dan sal Hy julle ook al hierdie dinge gee" (Matt 6:33). Een van my vriende het dit so opgesom: "As ons na God kyk vir wat Hy *doen* in plaas van vir wie Hy *is*, kyk ons die kern mis."

As ons die beloftes oor voorspoed en seën ken, is die versoeking altyd daar om saketransaksies te begin sluit en te kyk wat ons uit God kan kry as ons mooi broodjies bak. Nee, die Here wil hê dat ons moet gee met 'n oorgawe wat sal getuig dat ons die Gewer liefhet, nie net die gawe nie.

Hierdie oorgawe beteken nie dat 'n mens geld sonder diskresie moet uitgee nie. Dit beteken ook nie om geld te mors wat God vir ons behoeftes voorsien het nie, of dat ons ons nou nie verder hoef te bekwaam nie omdat ons reken: "God sal voorsien". Die Geestelike oorgawe ontstaan uit 'n bron van liefde wat vir Jesus Christus sê: "Ek het U bo alles lief." Soos Paulus geskryf het: ". . . ek beskou alles as waardeloos, want om Christus Jesus, my Here, te ken, oortref alles in waarde" (Fil 3:8).

Die vraag is: Het ek God so lief dat dit nie saak maak of Hy my materieel seën of nie? Die geheim van die koninkryk lê in hierdie oorgawe opgesluit. In plaas van aardse damme word ons dan lewende waterkanale waardeur God se seën vloei.

Voorsienigheid deur leiding

God voorsien en seën ook deur die manier waarop Hy vir gelowiges beplan. In wêreldwye ekonomiese krisisse moet die meeste van ons ons uitgawes drasties besnoei, en dán is die enigste manier om te lewe onder die Here se ekonomie.

Dikwels beteken dit nie 'n verhoogde inkomste nie, alhoewel dit tog ook die geval kan wees. As ons God se leiding soek en gewillig is om vir Hom die eerste te gee van wat ons het, sal ons ontdek dat ons geld tog ver genoeg rek. Nie alleen verwyder die Here ons begeerte vir onnodige luukses nie, maar Hy kan ons uitgawes besnoei deur ons te bewaar van teëspoede, deur ons te wys hoe om ons rekeninge te verminder, en deur ons te help om gesond te bly sodat ons nie groot mediese rekeninge hoef te betaal nie.

God beskerm ons, al verstaan ons dit soms nie. In ander gevalle gee Hy ons 'n dieper insig in die wêreld waarin ons leef. Soms lei Hy ons om te dink: "Sal ek kan regkom sonder my salaris, of met 'n kleiner inkomste, of as die omstandighede drasties verander? Wat het ek werklik nodig? Water, kos, skuiling, klere? Is daar alternatiewe maniere waarmee ek die klimaatsomstandighede kan trotseer, selfs in traumatiese weersomstandighede? Kan ek en my gesin met ander Christene saamspan en dieselfde huis deel as dit sou nodig word?"

Of ons kan wonder: "Watter praktiese vaardigheid kan ek bied om ander te help wanneer die ekonomie agteruitgaan of ineenstort? Watter noodsaaklike produk sal ek kan voorsien?"

Wanneer die Heilige Gees dié vrae by my laat ontstaan, probeer ek dink aan iets waarmee ek spesiaal toegerus is, byvoorbeeld 'n deeglike kennis van noodhulp. Ek dink ook aan dinge wat ander dalk nie sal wil doen nie. Wanneer ek dan glo dat ek die Here se leiding ontvang het, begin ek in daardie rigting leer en werk. En bid dan dat in tyd van nood my vaardighede sal aanpas by dié van ander Christene.

Gehoorsaamheid

Om die belangrikheid van gehoorsaamheid in verband met seën te verstaan, moet ons die verskil ken tussen gebondenheid aan die wet (waarvan Christus ons verlos het) en die reaksie op iemand vir wie ons lief is.

'n Mens sal byvoorbeeld in wetsgebondenheid iets vir iemand doen omdat jy daartoe verplig voel. Dit word van jou verwag, daarom doen jy dit. So 'n mens sal dan van die gee van tiendes sê: "God sê ek moet dit doen, daarom doen ek dit."

Wanneer 'n mens iemand liefhet, sien jy daarna uit om saam met hom te wees. Jy dink aan allerhande maniere waarop jy kan wys dat jy hom liefhet. Net so moet ons gehoorsaamheid aan God ontstaan uit ons groot liefde vir Hom. Ons ken die vreugde om Hom te volg en ons gawe vloei uit hierdie vreugde. 'n Jong man het dit so gestel: "Dit is nie moeilik om iets te doen as God by my die begeerte wek om dit te doen nie."

Verslap die houvas

Terwyl ek met 'n man uit 'n Derde Wêreldland gesels het, het ek weer besef hoe ver ons werklike behoeftes verskil van behoeftes wat deur ons samelewing en kultuur kunsmatig geskep is. Oor die hele wêreld is daar talle mense wat net wens om 'n dak oor hul kop en 'n mat op die vloer te hê. Wat verwag ons?

Jare lank is ons deur die samelewing geleer dat spaarsaamheid, eenvoud, verantwoordelikheid en die bereidwilligheid om te werk uit die mode is. Ons is voorgesê: "Koop nou, betaal later. Wat jy ook al wil hê, jy mag dit besit, want jy verdien dit."

Dit is nodig dat ons sal slaag op die gebiede wat vir ons belangrik is, maar ons vermoë om te werk, ons werkgewers, en sukses word deur God geskenk. Ons moet in nederigheid altyd onthou: Wat ek is en wat ek het, kom van God af – uit *genade*. Ek *verdien* niks. 'n Ander gesindheid is in ons tyd merkbaar. Teenoor die strewe na die besit van materiële dinge is dit of die Gees van God nou in baie Christene 'n weersin in materiële dinge wek. Ons moet vandag leer om maar liggies aan aardse dinge vas te hou. Dit beteken nou nie dat ons onverskillig of onverantwoordelik met materiële dinge moet omgaan nie; dit beteken dat ons besef ons enigste sekerheid lê by God.

Geld op sigself is nie goed of sleg nie. As ons egter ruimskoots geld op onsself bestee, mag ons geleidelik verhard raak teen geestelike waardes. Christus het gesê: "So kan niemand van julle my dissipel wees as hy nie bereid is om van al sy besittings afstand te doen nie" (Luk 14:33). Dit kan gebeur dat God ons leer om met minder tevrede te wees.

Daar was tye toe my salaris so klein was dat ek daaroor gehuil het. In daardie tye het ek leer bid: "Jesus, U is my verlossing."

Wanneer God vir ons 'n afkeer gee aan onnodige rommel in ons lewe kan Hy ook vir ons die visie gee van 'n taak waarvoor groot somme geld nodig is. Die twee is nie onversoenbaar nie. As ons na die Here luister oor hoe Hy ons wil gebruik, en dit vereis geen geld nie, sal ons nie gelei word om in gebed te vra vir groot somme geld nie. Maar as ons visie byvoorbeeld 'n verreikende sendingpoging behels, sal Hy ons inspireer om te vra en vir ons die moed gee om op sy tyd te wag – dan sal Hy ons seën deur te voorsien.

Die visie begin in die Gees en moet daar bly, sodat dit nie balans verloor nie. Ek was dikwels al so versigtig om net te bid vir ons behoeftes dat ek in beginsel vir God gesê het: "Moenie vir ons iets *meer* gee as wat ons nodig het nie." Die Gees het my reggehelp en gesê:

"Vra groot genoeg. Moet God nie beperk nie." Soos iemand gesê het: "Wanneer ons die moontlikheid van 'n wonderwerk afwys, verminder ons die moontlikheid om in vertroue te leef."

Die wonderwerk

Meer as een mens het al ligsinnig gesê: "As ek regtig in die nood is, sal ek op God staatmaak vir 'n wonderwerk." Ek is nie seker dat ek in staat sal wees om te vertrou indien ek Hom nie voorheen geken het nie. Ware nood veroorsaak dikwels depressie en wanneer 'n mens depressief is, is dit moeilik om te bid.

Ons vermoë om in moeilike tye te bly glo, vloei voort uit die vertrouegewoonte wat ons in beter tye aangekweek het. As ons glo dat God die mag het om ons te seën soos Hy verkies en as sy seën volg op ons oorgawe aan Hom, wat dan?

Ek het altyd gedink die weduwee wat vir Elia kos gegee het, het dit net gedoen omdat sy 'n goeie mens was, tot ek op 'n dag besef het wat daar staan. God het gesê: "Ek het 'n weduwee daar *opdrag gegee* om vir jou te sorg" (1 Kon 17:9). Haar daad was dus 'n bewys van haar gehoorsaamheid aan die bevel van God. Hy het aan haar die vermoë geskenk om Elia te herken. Ek twyfel of sy geweet het die kos sou meer word. Maar toe sy gee, het dit wel gebeur (1 Kon 17:7-16).

God se voorsiening deur wonders vertoon sekere basiese elemente:

a. *Daar was 'n behoefte.* Gedurende Agab se regering was daar drie jaar lank geen reën of dou nie, maar God het gesorg dat daar 'n standhoudende voorraad olie en meel vir die weduwee was. Toe Jesus die 4 000 en die 5 000 gevoed het, het Hy dit gedoen uit innige jammerte (Matt 14:14; 15:32).
b. *'n Dankbare gesindheid.* By albei hierdie geleenthede toe Jesus die menigtes gevoed het, het Hy eers 'n dankgebed gedoen (Matt 14:19; 15:36).
c. *God die Vader het uit iets meer gemaak.* Hy het alledaagse, beskikbare bestanddele gebruik en dit vermeerder.

Ons ken almal die verhaal van die seun wie se vissies en brode die 5 000 gevoed het. Het hy self die vissies gevang? Was hy dalk trots daarop? Hoe het hy daaroor gevoel om hulle aan 'n volwassene te gee? Tog het hy dit aan Jesus geskenk.

Ek het nog nooit gehoor dat God deur 'n wonderwerk voorsiening maak onder spottende, skeptiese mense nie. Waarvan ek wel gehoor het, is hoe Hy deur alle eeue in die behoeftes van kinders voorsien – en almal wat die gesindheid van 'n kind het.

Die lys verskil van mens tot mens, maar afgode behels alles wat 'n mens aanbid in plaas van vir God self.

Jeremia daag ons ook uit oor die vergieting van onskuldige bloed. Daar is baie maniere waarop ons dit doen: deur skinder, onvergewensgesindheid, deur buite-egtelike verhoudings met getroude mans of vrouens, aborsie, ensovoorts.

Daar is 'n ander manier waarop ek persoonlik bloed verspil het. Op 'n dag het die Heilige Gees so hard met my gepraat dat ek begin huil het. Op daardie oomblik het ek besef hoe skuldig ek daaraan is om myself beter as ander te ag. Dikwels het ek al neergesien op dié wat hulle skuldig maak aan openlike sonde deur bewustelik of onbewustelik te dink: "Ek is darem nie so sondig soos hulle nie."

Johannes sê: "As ons beweer dat ons nie sonde het nie, bedrieg ons onsself en is die waarheid nie in ons nie" (1 Joh 1:8). Weiering om sonde te erken sny ons af van die enigste verlossing – die liefde en genade van God.

Martin Luther het gesê: "Die Heilige Gees het my deur die evangelie geroep, my met sy gawes verlig, my geheilig en in ware geloof gehou." Wanneer die Gees roep, wys Hy ons op ons sondes sodat ons daarvan bevry kan word. In Christus het God voorsiening gemaak vir ons onvolmaaktheid.

Dit is vir my 'n verligting om te erken dat ek nie volmaak is nie. Vir diegene wat wens om dieselfde te doen, gee Winkie Pratney 'n gebed: "Wys asseblief vir my wat ek gedoen het, nie net om myself of ander seer te maak nie, maar veral ook om U seer te maak."

"Ja, maar . . ."

Toe God vir Adam en Eva gekonfronteer het met hulle sonde, het Adam geantwoord: "Die vrou wat U my gegee het om my by te staan, sy het vir my van die boom se vrugte gegee, en ek het geëet" (Gen 3:12).

God het toe vir Eva gevra: "Wat het jy nou gedoen?"

Sy het gesê: "Die slang het my mislei, en ek het geëet" (Gen 3:13).

Dit is maklik om in opstand te kom en dan soos Eva die skuld op ander te pak. Die Here wil hê ons moet verantwoordelikheid aanvaar vir ons eie aandeel in die sonde. Wanneer ons sê: "Ja, maar . . ." bedroef ons Hom. In plaas daarvan dat ons onder sy beskerming leef, stel ons ons bloot aan die tornado.

In Psalm 81 sê God: "Ag, as my volk maar na My wou luister, as Israel maar my wil wou doen, hoe gou sou Ek hulle vyande nie op die knieë bring en hulle teëstanders met my eie hand verslaan nie" (Ps 81:14,15). Die deur na seëninge swaai oop op die geoliede skarniere van berou en gehoorsaamheid.

Die geneesmiddel

Jesus het nooit 'n kompromie met sonde gemaak nie, maar genade vir elke situasie gebring. Hoewel Hy die sonde haat, het hy die sondaar lief: "Elkeen wat die Vader vir My gee, sal na My toe kom; en Ek sal hom wat na My toe kom, nooit verwerp nie" (Joh 6:37).

6 Laat jy God toe om jou lewe te beheer?

Die tornado of die stormskuiling?

Ons het nie langer statistieke nodig om die probleem raak te sien nie. 'n Groot swaar, donker wolk hang oor ons nasie en die wêreld. Dit sak al laer tot dit voel asof dit besig is om die asem uit ons longe te pers. Asof ons besig is om te versmoor.

En ons is. Ons staan voor meer as net 'n stormwolk. Terwyl ons toekyk, verander dit in 'n tregter – 'n wêreldwye tornado wat elkeen van ons se lewe raak. Maar moet ek en u passief toekyk hoe ons land, ons geliefdes en ons eie lewens in verskillende rigtings verskeur word deur vernietigende winde?

Ons wêreld word vandag voortgedryf deur 'n opvatting wat so magtig is soos 'n tornado: "As dit lekker is, doen dit". En die gevolge is so vernietigend soos die gevolge van 'n tornado: rebellie, skuldgevoelens, die gevoel dat jou wêreld besig is om in duie te stort; die onvermoë om met jouself en ander saam te leef; 'n gebrek aan sinvolheid en krag; onrus in plaas van vrede.

God wag altyd met arms verwelkomend uitgestrek en wys ons die pad na sy stormskuiling. Maar as ons sê iets wat sonde is, is nié sonde nie, tas ons sy heiligheid aan. Dan ontbreek nie alleen die krag om die wêreld met sy probleme te hanteer nie, maar ons weier ook sy genade.

Die gevaar

Alles wat ons van die liefde van God skei, is sonde. Dit verhoed of vernietig ons verhouding met Hom en met ander. Dit beperk ons doeltreffendheid in gebed.

Die Heilige Gees wys vir ons die spesifieke lewensterreine wat nie volgens sy wil is nie en waaroor ons sondebelydenis moet doen. Soms belig Hy Skrifgedeeltes vir ons; op ander kere wys Hy daarop dat sonde enige gedagte, handeling of situasie kan wees wat die mens gevange hou.

Om deur die Heilige Gees beheer te word bring vreugde en vrede. Maar ons kan ook deur sonde beheer word. Paulus sê: "Julle weet tog: as julle julle aan iemand onderwerp om hom as slawe te gehoorsaam, is julle die slawe van dié een aan wie julle gehoorsaam is. As dit sonde is, beteken dit vir julle die dood; as dit gehoorsaamheid aan God is, beteken dit vryspraak en lewe" (Rom 6:16).

Iets wat ons lewe beheer, word vir ons 'n god. In dié verband spreek Jeremia se woorde ons nog steeds direk aan: "So sê die Here die Almagtige, die God van Israel: Ek gaan oor hierdie plek 'n ramp bring wat elkeen wat daarvan hoor, se ore sal laat tuit. Julle het My verlaat en hierdie plek verontreinig deur hier vir ander gode offers te bring, gode waarvan julle, julle voorvaders en die konings van Juda nie voorheen geweet het nie" (Jer 19:3,4).

In watter opsig bring ons vandag ook offers aan ander gode? Oor baie maande het die Heilige Gees herhaaldelik die een gedagte by my laat opkom: "Ek is die Here jou God . . . Jy mag naas My geen ander gode hê nie" (Eks 20:2). Elke keer het Hy my bewus gemaak van spesifieke areas in my lewe waaroor ek skuldbelydenis moes doen.

Soms het my afgodediens te doen gehad met my besittings. Ander kere weer het ek die dinge wat ek *nie* besit het nie, verafgod deur my begeerte daarna. Of ek het griewe in my omgedra teenoor mense wat my seergemaak het. Verder het ek bly vasklou aan my halfhartige toewyding aan God omdat dit vir my gerieflik was. Ek het versoekings versigtig in my mond rondgerol en darem eers daaraan geproe voor ek dit uitgespoeg het. En so het ek afgodediens gepleeg.

Nadat Dawid vir Batseba in sy paleis geneem het, het hy die feit dat sy sy kind verwag het probeer wegsteek deur haar man van die front af terug te roep. En toe Uria nie volgens die koning se slinkse planne wou handel nie, het Dawid hom laat doodmaak. God het 'n profeet na Dawid toe gestuur met die veroordeling: "Jy is die man!" In sy hart het Dawid nie getwyfel dat hy sowel owerspel as moord gepleeg het nie. Uit dieptes van ellende het hy gebid: "Teen U alleen het ek gesondig, ek het gedoen wat verkeerd is in u oë" (Ps 51:6).

Net soos Dawid moet ons ook ons sondes voor God bely en hulle spesifiek noem. Dan moet ons daarvan afstand doen in die Naam van Jesus en weier om dit weer te herhaal.

Paulus het dié handeling voorgeskryf toe hy gesê het dat ons met die ou mens moet breek en onsself met die nuwe mens moet beklee (Ef 4:22 en 24). Die Gees van Jesus Christus gee aan ons die krag om te verander, om berou te hê, om weg te draai van sonde en ons te wend na geregtigheid.

Aan elkeen van ons sê Paulus: "Maar God bewys sy liefde vir ons juis hierin dat Christus vir ons gesterf het toe ons nog sondaars was" (Rom 5:8). Ons gebed kan eenvoudig wees: "Jesus, ek glo dat U vir my sondes gesterf het. Ek noem hulle vir U." (Doen dan so.) "Vergewe my asseblief en reinig my."

God se genade is soos 'n golf wat oor die see aangerol kom. Wanneer ons ons sondes bely, dra Hy dit in die dieptes weg sodat dit nooit weer gesien word nie. Ons word vergewe, nie omdat ons sterk swemmers is, in staat om te wen nie, maar omdat ons onsself volkome aan Hom oorgee.

Romeine 1:18-32 waarsku teen die geleidelike toename van sonde en veral die sonde om natuurlike verhoudings te verruil vir onnatuurlike verhoudings. Paulus wys daarop dat diegene wat God se waarheid teenstaan, die verdiende straf vir hulle perversiteit op hulself bring. Uiteindelik word dit vir hulle onmoontlik om tussen reg en verkeerd te onderskei: "En omdat hulle dit van geen belang ag om God te ken nie, gee Hy hulle oor aan hulle verdraaide opvattings, sodat hulle doen wat onbetaamlik is" (Rom 1:28).

'n Jongman wat homself bekeer het en God se genade afgebid het om 'n God welgevallige, selibate lewe te lei, skryf oor sy stryd teen homoseksualisme: "Ongeag hoe aanvaarbaar jy is in die leuen van die lewe, is daar altyd iets wat vir jou sê dat dit verkeerd is. Die leuen is dat homoseksualiteit aanvaarbaar is. Satan sê vir jou: 'Dit is goed; gaan so aan.'

God sê: 'Nee, Ek het jou 'n heteroseksuele mens geskep.' Raak eers ontslae van die leuen, dan van die bedrog en die probleme, soos byvoorbeeld, woede teen die wêreld."

God belowe aan hierdie jongman en aan almal wat hulle sondes erken en berou het: "Iemand wat aan Christus behoort, is 'n nuwe mens. Die oue is verby, die nuwe het gekom" (2 Kor 5:17). As jy begeer om 'n nuwe skepsel te wees, oorweeg dié stappe waardeur ons van sonde kan wegdraai na vreugde:

1. Wanneer die Heilige Gees ons oortuig van ons sonde, moet ons dit as sonde erken, en bely dat ons persoonlik sondig is.
2. Bely of erken jou spesifieke sonde sonder om te sê: "Ja, maar . . ."
3. Toon berou oor jou sonde.
4. Vra Jesus om vergifnis.
5. Ontvang *in geloof* sy liefde, vergifnis en vrede.
6. Onthou jou deur die krag van die Heilige Gees van die sonde en gee jou oor aan 'n nuwe lewe.

Om 'n oorgewig-liggaam in 'n skraal liggaam te verander verg toewyding aan 'n dieet. So ook verg die verandering van 'n sondige mens na 'n geregtige mens toegewydheid. Toewyding mag op twee maniere nodig wees:

* As jy jou sonde bely het, maar nie die versekering het dat jy 'n Christen is nie, bid: "Jesus, ek glo dat U vir my gesterf het. Wees asseblief my Verlosser en Here van my hele lewe. Ek gee myself graag oor aan U. Dankie vir u verlossing en die ewige lewe wat nou dadelik begin." Lees dan Romeine 10:9-13 en 1 Johannes 5:11-15. Johannes het gesê: "Hierdie brief skrywe ek vir julle sodat julle kan weet dat julle die ewige lewe het, julle wat in die Seun van God glo" (v 13).
* As jy sonder twyfel weet dat jy 'n Christen is, sal jy dalk so wil bid: "Here, ek gee my aan 'n nuwe lewe deur die krag van die Heilige Gees. Skenk my asseblief die vermoë om in gedurige berou en in u geregtigheid te lewe."

7. Werk saam met die Heilige Gees om jou ou gewoontes te verander. Vra vir God om jou wonde te genees.

Nadat 'n mens vergifnis ontvang het, het jy dikwels hulp nodig om die vasgelegde lewenspatrone soos kommer, selfbejammering en onvergewensgesindheid te oorwin. Op 'n soortgelyke wyse word daar in 'n gemeente in St Paul, Minnesota te werk gegaan met homoseksueles wat begeer om verlos te word. Om dit te doen moet hulle bely dat homoseksualisme sonde is. Dan word die soekers daarvan verseker dat Christus Jesus nie gekom het om te veroordeel nie. Hulle word verseker van God se liefde en vergifnis.

Die stigter, Robbie Kenney, sê: "Nou en dan bring God op 'n wonderbaarlike wyse onmiddellike genesing, maar meer dikwels is dit 'n geleidelike proses wat tyd en selfdissipline verg." Ed, 'n jong man, beskryf dit so: "Die pad wat ek na my verlossing geloop het, is een wat deur God beplan is. Dikwels het my voete gesleep . . . en ek het dit selfs oorweeg om om te draai, maar Jesus was daar. Hy het my bemoedig en my hoop en liefde gegee om 'n nuwe mens te word."

Alhoewel hy 'n selferkende homoseksueel was, het hy selibaat geword en die Heilige Gees die kans gegee om sy ou gedagtepatrone, weerstand en gewoontes te deurdring. Uiteindelik het hy die punt bereik waar hy op 'n meisie verlief geraak het. "Soos baie gerehabiliteerde homoseksueles het ek geglo dat ek nooit tot 'n vrou aangetrokke sou voel nie. Ek het aanvaar dat ek eendag met 'n vrou sou trou wat ek in die Here liefhet, en dat ons die seksuele deel van ons verhouding sou moes deurbid . . . Noudat ek God se ideaal vir liefde en die huwelik ken, sien ek uit na daardie dag wanneer ek gaan trou. Liefde en seks – soos ons Skepper dit beplan het – is een van die mooiste gawes van die lewe."

Heelheid

Dit mag vir ons nodig wees om genees te word van wonde veroorsaak deur 'n sondige lewe. Een vrou bid gereeld saam met ander wat berou het omdat hulle aborsies ondergaan het. Sy sê: "Jesus wys dat Hy hier is. Hy het die meisie lief sonder om haar te veroordeel. Hy wys dat Hy haar liefhet al verwerp sy sy genade."

Die Gees genees hierdie wonde geleidelik oor 'n tydperk van

jare of maande. Gedurende hierdie tyd is dit veral belangrik om die bystand van ander gelowiges te hê, asook lering, persoonlike stiltetye, betroubare Christelike raad en die versterking van die nagmaal.

In ander gevalle gryp die Here wonderbaarlik in. Marie wat diep betrokke was by sonde voordat sy 'n Christen geword het, het vertel dat sy 'n werkstudie oor geestelike en emosionele heelheid bygewoon het. "Ek het as 'n Christen daarheen gegaan," het sy gesê. "Ek het sonder twyfel geweet dat ek vergewe is. Maar daardie middag het God se liefde oor my uitgevloei. In een oomblik het Hy al die wonde, veroorsaak deur tien jaar van sonde, genees."

Elkeen van ons staan daagliks voor die uitdaging: Lewe ons in die tornado van sonde? Maar elkeen kry die geleentheid om in God se stormskuiling in te vlug: vergifnis deur die dood en opstanding van Jesus Christus. En met vergifnis kom vreugde, want ons is vrygemaak! Ná die skuiling kom die reënboog.

7 Valse skuldgevoelens ontstaan wanneer jy na die aantygings van Satan luister en dan jouself begin blameer

Hoe om van jou skuldgevoelens ontslae te raak

Jan is verslaaf aan werk. Marie spring gedurig van die een projek na die ander, terwyl sy onmoontlike eise stel aan die mense om haar. Anne en Gert is rusteloos – hulle is selde tevrede met iets, of dit nou by die werk of by die huis, of hulle ontspanning is. Selfs sukses eindig as 'n vergeefse droom.

Dan is daar Sara. Sy het lank gelede vergifnis gevra, maar sy tob nog steeds oor sondes wat sy vroeër begaan het, sonder om te weet dat sy reeds daarvan bevry is.

Hierdie mense het een probleem gemeen: hulle soek die goedkeuring van ander sonder dat hulle hul diepgesetelde skuldgevoelens verwerk het. Net soos hulle, voer die meeste van ons 'n stryd teen skuldgevoelens, waarvan baie geregverdig is. Maar ons ly ook as gevolg van valse skuldgevoelens.

Die belangrikste is dat ons moet onderskei tussen ware en valse skuldgevoelens. Indien dit ware skuldgevoelens is en die Heilige Gees ons daarvan oortuig, besef ons dat ons in gedagtes, gesindhede en dade teen 'n regverdige God gesondig het. Die Gees wys vir ons die spesifieke sonde uit en wat ons daaromtrent moet doen: ons moet dit bely. Alhoewel dit moeilik is om skuld te bely, bring dit verligting, want nou verstaan ons dat God ons sonde veroordeel, maar ons as mense nog liefhet.

Maar vir elke seëning van God – behalwe vir vrede – bied Satan 'n nabootsing. Hy wil nie hê ons moet bewus word van ons ware sonde nie, daarom probeer hy valse skuldgevoelens in ons opwek. Teenoor die oortuigingswerk van die Heilige Gees beklemtoon hy veroordeling en verdoemenis.

Satan beteken "aanklaer" en Johannes beskryf hom as die "aanklaer van ons medegelowiges" (Op 12:10). Valse skuldgevoelens ontstaan wanneer ons na sy beskuldigings luister, of hulle nou deur die gesprekke en suggesties van ander kom of deur ons eie neiging om onsself te beskuldig. In teenstelling met die werk van die Heilige Gees wat van binne kom, kom valse skuldgevoelens van bronne buite ons. Wanneer ons hierdie gedagtes eers verinnerlik, begin ons in die modder rondploeter.

Ons *kan* skuldig wees en skuldig *voel*, maar as ons ons sonde bely, verwyder God ons skuld en ons skuldgevoelens. In teenstelling hiermee laat Satan ons skuldig *voel*, selfs al is ons dit nie.

As ons na die Heilige Gees luister en die skuld bely wat Hy vir ons uitwys, vergewe God stil en beslissend. Hoe langer ons egter sy werk teenstaan, hoe ongemakliker word sy soeklig.

Wat gebeur wanneer Satan sy soeklig op ons gooi? Sy beskuldigings laat die probleme onoorkomelik lyk. Deur ons te verdoem, beroof hy ons op slinkse wyse van die vreugde van ons verlossing.

Die verskil tussen ware skuld en valse skuld kan so gesien word:

Ware skuld	*Valse skuld*
Die Heilige Gees	Satan
Bring oortuiging gegrond op die waarheid	Bring verdoeming gegrond op leuens
Sy doel:	*Sy doel:*
my geestelike groei	my geestelike ondergang
Hy belig:	*Hy belig:*
'n spesifieke sonde wat nog nie vergewe is nie.	sondes van die verlede wat reeds vergewe is.
My reaksie:	*My reaksie:*
"Ja, ek het verkeerd gedoen." Ek het berou en bely: "Here, ek is jammer. Vergewe my, asseblief."	magteloosheid, 'n gevoel dat my situasie hopeloos is. Ek weet nie waar om te begin verander nie. Al vra ek om vergifnis, kom daar nie vrede in my gemoed nie.
God se handeling:	*Satan se handeling:*
genade, vergifnis, liefde	beskuldiging

Dit veroorsaak by my: vrede, vrymaking, die wete dat God my liefhet, vreugde.	*Dit veroorsaak by my:* aanhoudende gebrek aan vrede; mislukking, hopeloosheid, minderwaardigheid, wanhoop, fisieke moegheid en emosionele en geestelike uitputting.

Kom ons oorweeg 'n paar gebiede waar ware sowel as valse skuldgevoelens voorkom:

Sondes wat vergewe is

"Ek en my man moes trou," het sy gesê. "Twintig jaar lank vra ek al vir Jesus om my te vergewe, maar dit *voel* nog steeds vir my asof ek nie vergifnis ontvang het nie."

Wanneer ons sondig, weet Satan dat ons lewenslank blootgestel is aan kwelling. As jou sondebelydenis nie vir jou werklik voel nie, gaan alleen in 'n vertrek en sê hardop vir Jesus dat jy berou het. Vra sy vergifnis. Memoriseer en herhaal die woorde van 1 Johannes 1:9: "Maar as ons ons sondes bely – Hy is getrou en regverdig, Hy vergewe ons ons sondes en reinig ons van alle ongeregtigheid."

Moenie vergifnis beoordeel volgens jou gevoelens nie. Jy sal nooit *voel* dat jy goed genoeg is nie. Jy moet God op sy Woord neem. Die Here skenk altyd vergifnis, maar jy moet bereid wees om dit in die geloof te ontvang.

Wanneer Satan jou herinner aan 'n sonde wat jy reeds bely het, moet jy nie met hom argumenteer nie. Jy sal verloor. Herhaal onmiddellik God se belofte: "Aan hulle sondes en hulle oortredings sal Ek nooit meer dink nie" (Heb 10:17). As God nie jou sondes wat bely is, onthou nie, waarom moet jy?

"As ek maar net . . ."

"Ek het misluk," sê 'n vader toe hy oor sy opstandige dogter praat. "Dit is hopeloos. Ek het eenvoudig misluk. As ek maar net . . ."

"As ek dinge anders aangepak het toe my seun jonk was, sou hy nou 'n beter mens gewees het," sê 'n ander.

Die dood van 'n geliefde kan dieselfde gevoel laat ontstaan. "As ek tog maar meer tyd saam met my man deurgebring het voor sy dood. As ons maar net die reis waaroor ons gepraat het, onderneem het."

En wat van daardie tye toe ons gedink het ons doen die regte ding, maar nou voel ons skuldig daaroor? As jy twyfel of jy reg of verkeerd was, kan jy die Here vra om jou te vergewe. Indien die persoon nog lewe, kan jy hom opsoek en die saak regstel. Maar as hy dood is, kan jy die Here vra om aan jou die versekering te gee dat jou geliefde nie langer 'n reis of enigiets wat jy reken jy behoort te gedoen het, nodig het nie. Natuurlik sal *jy* die herinnering waardeer, maar as jou geliefde in die Here ontslaap het, het hy of sy iets baie beters.

Wanneer jy jou skuldgevoelens met die hulp van die Heilige Gees opgelos het, moet jy waak teen Satan se veroordeling, veral as daar nie 'n onmiddellike verandering in jou omstandighede is nie. Wanneer 'n mens sê: "As ek maar net . . ." begin jy in 'n sirkel redeneer, en dit is vrugteloos. 'n Mens bereik later 'n punt waar jy so baie tyd daaraan bestee om selfondersoek te doen dat jy vergeet om opwaarts te kyk.

As jy vergifnis gevra het vir jou mislukkings van die verlede, of dit nou werklik was of denkbeeldig, sorg God verder daarvoor. Paulus het geskryf: "Daar is dus nou geen veroordeling vir dié wat in Christus Jesus is nie. Die wet van die Gees wat aan jou in Christus Jesus die lewe gee, het jou vrygemaak van die wet van sonde en dood" (Rom 8:1, 2).

Uit my stryd teen die "as ek maar net . . .", het ek 'n gebed geleer: "Here, gebruik selfs my foute tot u eer." God stel dit so: "Maar moenie net aan die vroeëre dinge dink en by die verlede stilstaan nie. Kyk, Ek gaan iets nuuts doen, dit staan op die punt om te gebeur, julle kan dit al sien kom; Ek maak in die woestyn 'n pad, Ek laat in die droë wêreld riviere ontspring" (Jes 43:18, 19).

Selfopgelegde take

"Oor die algemeen ontstaan skuld by mense met vooropgestelde idees oor wat hulle behoort te doen en wat nie," het my vriendin Janet gesê. "Ons reken ons behoort dit of dat te doen.

Hierdie idees word van ons kinderdae oorgedra na ons volwasse lewens sonder dat ons hulle noodwendig altyd evalueer."

Sy het die voorbeeld genoem van 'n pa wat moeg tuiskom ná werk en sê: "Ek behoort my seun se aktiwiteite by te woon. As ek dit nie doen nie, voel ek skuldig."

Of 'n ma dink: "Ek moet meer tyd aan my kinders afstaan."

Man en vrou kan saam besluit: "Ons behoort meer te doen vir die gemeenskap." Of: "Ons behoort 'n Bybelstudiegroep te lei."

"Dan," sê Janet, "kom ons voor sekere vrae te staan: Wat behoort ons werklik te doen en wat nie? Wanneer is ons skuldgevoelens geregverdig en wanneer nie?"

Daar is sekere dinge wat 'n mens altyd behoort te doen, soos om die landswette en verkeersreëls te gehoorsaam. In ander gevalle moet elke mens eerlik voor God besluit of wat hy doen volgens God se wil is. 'n Mens moet jouself afvra: "Is wat ek doen 'n kwessie van misplaaste prioriteite of trots?" Dink jy *dat jy in beheer is van jou eie sake, selfs jou gesondheid, en dat jy alles perfek kan doen, ongeag hoeveel jy onderneem?*

As 'n mens te min van jouself verwag, sal die Heilige Gees jou daarvan oortuig. As jy te veel van jouself verwag, ly jy waarskynlik onder die valse skuldgevoelens en veroordeling van Satan wat jou laat voel dat jy alles vir almal moet wees. Afhanklikheid van God is 'n mens se beste verdediging teen veroordeling.

Hoe besiger 'n mens is, hoe meer tyd het jy elke oggend nodig om alleen met God te wees. Deur God my eerste prioriteit te maak, het ek ontdek dat dinge wat ek as belangrik beskou het, nie werklik so belangrik is nie. Ander sake wat ek gewoonlik probeer ontwyk het, was eintlik noodsaaklik, en ek kan God se seën daarop voel rus.

Wat jy van ander verwag

"Bewys dat jy my liefhet," sê die seun aan die meisie. As sy te skuldig voel om nee te sê, kan sy maklik in sonde verval.

Die onwilligheid om nee te sê kan valse skuldgevoelens in enige mens laat ontstaan omdat ons behoefte het aan die goedkeuring van ander. Wanneer die aansprake op ons tyd te groot word, voel ons skuldig omdat ons nie die tyd daarvoor kan inruim nie en nee moet sê. Om die probleem te vererger sien ons die een geleentheid na die ander wanneer ons 'n mate van sukses op een gebied van dienslewering behaal het. Baie van die geleenthede sal van God afkomstig wees. Ander kan net ons aandag wegtrek van wat werklik belangrik is. Ons sal die verskil ken wanneer ons so besig word dat ons selfs die werk wat ons normaalweg goed doen, net middelmatig doen.

Wat ander van ons verwag kan tot ons voordeel of tot ons nadeel strek. Ons kan kies. Jesus het gesê: "Iemand wat die hand aan die ploeg slaan en aanhou omkyk na wat agter is, is nie geskik vir die koninkryk van God nie" (Luk 9:62). Wanneer ons nie weet watter kant toe nie, kyk ons in werklikheid om en sien ons nie meer waarheen ons gaan nie. Ons word onbevoeg vir diens.

As ons moeg is en gekwel word deur allerhande skuldgevoelens, kan dit wees dat ons probeer wees wat God nooit bedoel het ons moet wees nie. Die skrywer Bob Mumford het 'n gelykenis geskryf waarin 'n eend, 'n haas, 'n eekhoring en 'n arend gedwing is om dieselfde oefeninge te doen. Hulle moes hardloop, swem, klim en vlieg. As gevolg hiervan het hulle beserings opgedoen en hulle ooreis en uiteindelik het hulle ewe swak gepresteer. Nie een het iets goed gedoen nie.

In sy boek *Back over the barbwire* gee hy simptome waaraan ons kan vasstel of ons onsself ooreis en gebiede betree waarvoor God ons nie toegerus het nie. Hierdie simptome is: kompetisie, 'n groeiende gevoel van onbevoegdheid, verdedigende optrede, wanhoop en uiteindelik ineenstorting.

Wanneer ons ooreis voel, moet ons vasstel op watter spesifieke gebied God ons wil gebruik.

As ons eers God se wil ken, het ons nie die reg om toe te gee aan ander versoeke as dié van God nie. Soos Jane dit stel: "As ek iets doen omdat iemand anders dit van my verwag eerder as om te doen wat in God se oë reg is, is ek ontrou aan my eie beginsels."

Hierdie "verstandskennis" werk deur na praktiese gebiede wanneer ons God vra om ons talente aan ons bekend te maak (kyk Rom 12:4–8). Ons leer ook om onverbiddelik op te tree oor die dinge waarvoor God sê ons moet nee sê. Dennis Hensley, 'n kenner op die gebied van tydsbesteding, gee die volgende riglyn in sy boek *Staying ahead of time*: "Voor jy 'ja' sê vir 'n toekomstige projek, stel eers vas of jy *nou* die tyd het daarvoor. Indien nie, sal jy later ook nie tyd hê nie. Sê 'nee'."

In hulle boek *The light and the glory* rig Peter Marshall en David Manuel 'n uitdaging wat nie as 'n verskoning vir niksdoen verstaan moet word nie, maar as 'n losmaking van bekommernis oor baie dinge: "God bepaal nie die waarde van 'n mens se lewe volgens dít wat jy bereik het nie. Die kwaliteit van ons toewyding is vir Hom van groter belang."

In Openbaring sien Johannes uit na die dag wanneer Satan volkome verslaan word: ". . . Die aanklaer van ons medegelowiges is uit die hemel uit gegooi, hy wat hulle dag en nag voor ons God aangekla het. Hulle het self die oorwinning oor hom behaal danksy die bloed van die Lam en die boodskap waarvan hulle getuig het; en hulle het nie hulle lewens so lief gehad dat hulle onwillig was om vir Hom te sterwe nie" (Op 12:10, 11).

Satan se beskuldigings is soos 'n koue winterwind – dit sny deur murg en been. Ons kan dit nie ignoreer nie, dit verwar ons en bring net ongelukkigheid. Om teen die koue te beur moet ons ons rûe na die wind draai – so sluit ons die beskuldiger uit en is hy nie deel van ons geselskap nie.

In teenstelling hiermee is die Heilige Gees soos 'n sagte briesie op 'n lentedag. Namate hy deel van ons lewe word, reinig Hy soos 'n sagte reën en bring Hy lewe en vreugde. Hy versinnebeeld die getrouheid van God.

Die affodille en die tulpe beur deur die grond en dra trotse blomme.

So blom ons lewe ook!

8 As jy getrou is, onderstreep God jou keuse met sy getrouheid

Verskans jou huwelik

Geen huis is altyd sonder spanning nie. By sommige huweliks-pare kom dit net af en toe voor, by ander weer meer dikwels. Wat ook al daarvoor verantwoordelik is – finansiële probleme, eensaamheid, siekte of kinders wat verkeerd gedoen het – daar is een gevolg: As verskille ophoop en nie uitgestryk word nie, verwoes dit ons verhoudings. Krisisse dryf ons òf weg van mekaar òf trek ons nader na mekaar.

Hoe kan ons as man en vrou leer om tydens krisisse saam te werk en selfs nog liewer vir mekaar te word? Hoe kan ons volhard?

Gee jouself

Hoewel ons met volle oorgawe 'n huwelik begin, wonder baie van ons tog die een of ander tyd of dit die regte beslissing was. In krisistye en wanneer die daaglikse sleur oorweldigend is, kan 'n mens maklik dink: "Die wittebroodsdae is verby; wat nou? As ek maar net met iemand anders getrou het, sou alles reg gewees het. Wou God regtig gehad het ek moes met my man (of vrou) trou?"

Die laaste vraag kan ons onomwonde beantwoord: *As jy getroud is, het dit God se wil geword, selfs al was dit nie in die begin so nie.* Werk aan jou huwelik.

Liefde gebeur nie net nie. Ons kies om te bemin of nie. Elke getroude persoon het afsonderlik en saam met sy of haar huweliksmaat besluit om mekaar nog lief te hê, selfs ná die wittebroodsdae. Ons besef nie altyd dat dit so gebeur nie.

Sulke keuses is wilsbesluite. As ons ligtelik met ons huwelik omgaan, sal dit later waardeloos wees. Dan hou ons op werk aan ons huwelik en sien ons 'n maklike uitweg as krisisse opduik.

Getroudes beleef dikwels versoekings. Maar wat sal nou gebeur as ons 'n onherroeplike besluit neem om getrou te wees en sê: "Ek sal nie eens daaraan dink dat my huwelik beëindig kan word nie?" As die moontlikheid van egskeiding nie meer daar is nie, kan ons versoekings en teëspoed beter weerstaan.

Een persoon het gesê: "Ek weier om te dink dat ek my maat kan verraai, selfs al lyk dit na 'n onskuldige flirtasie." Hierdie keuse beteken ook dat ons nie sal droom oor wat kon wees nie. 'n Huweliksberader het gesê: "Fantasieë is die voorloper van dade. Daar word lank gefantaseer oor 'n ongeoorloofde verhouding voordat daar uiteindelik regtig iets gebeur."

Een egpaar het dit so opgesom: "Ons werk aan ons huwelik en gebruik verskille as geleenthede tot groei. Ons probeer om dadelik 'nee' te sê wanneer ons besef dat iets wat verkeerd is, van ons gevra word. Dit maak nie saak wat die omstandighede is nie, ons verbintenis aan mekaar bly die belangrikste. Deur die werking van die Heilige Gees bevestig ons dit elke dag opnuut deur vir mekaar te sê: 'Ek het jou lief.'"

God ondersteun die huwelik. Wanneer twee mense kies om onvoorwaardelik aan mekaar getrou te wees, ondersteun Hy hulle. "U betoon U getrou teenoor die getroue . . ." (Ps 18:26).

Praat met mekaar

Karin vertel: "Nadat ons vyf jaar getroud was, het my man gevra: 'Waarom braai jy die spek so oorgaar?' Ek hou self nie van harde spek nie, maar het dit so gedoen omdat ek gedink het hý hou daarvan." Sy het dié insident gesien as simbool van 'n groter behoefte aan kommunikasie.

Hierdie situasie is nie uniek nie. Ons behoort eintlik aan beter kommunikasie te werk *voordat* krisisse ontstaan. As julle reeds ernstige verskille het, vra die Heilige Gees om julle te help om dit te hanteer.

"Voor die troue praat almal oor liefde en hulle toekomsplanne, en dink dan dat dít kommunikasie is," sê Karin. "Maar kommunikasie vra veel meer as, 'ek sal vyfuur by die huis wees,' of 'ek sal die kinders skool toe neem.' Dit is oppervlakkige kommunikasie."

Die kommunikasie wat ons nodig het, groei uit baie dinge. Een daarvan is die besluit om gereeld tyd vir mekaar in te ruim. In krisistye is dit baie moeilik om werklik die tyd te vind. Sonder kommunikasie word ons probleme egter al hoe groter.

In sulke tye moet ons saamwees nie net bymekaarwees beteken nie, hoewel ons ook stiltes nodig het. Dit is belangrik dat daar ruimte moet wees vir elkeen om te praat, al is dit hoe huiwerig.

In *The intimate marriage* gee Howard en Charlotte Clinebell wenke vir beter kommunikasie:

* Maak seker wat jou maat bedoel deur vrae te vra, byvoorbeeld: "Het ek jou reg verstaan?" Of: "Is dit wat jy gesê het?"
* Sê duidelik wat jy bedoel. Elke mens kan 'n ander help om beter te verstaan deur homself af te vra: 'Sê ek werklik wat ek bedoel?'
* Leer om dit wat ongesê bly te "hoor" en leer om teenstellende boodskappe te verstaan. Ons mag onbewustelik een ding sê en 'n ander doen omdat ons verward is. Ons behoort openlik hieroor te praat.

Ek wil graag 'n paar idees wat ek versamel het, byvoeg:

* Bevry jou geliefdes. Een vrou sê dikwels: "My seun is so stil. Hy praat nooit." 'n Ander vrou het dieselfde van haar man gesê.

  Dit is maklik om iemand deur ons woorde en dade te laat optree soos wat ons wil. Ons het eenkeer by vriende gekuier en ons gasheer het 'n vraag aan ons dertienjarige seun gevra. Onnadenkend het ek geantwoord. My man het my 'n groot guns bewys toe hy gesê het: "Lois, ek dink hy wou *Jeff* se antwoord hoor."
* Behou perspektief – niemand kan gedagtes lees nie. Rina het gekla dat haar man nie weet wat haar behoeftes is nie. Op die vraag: "Het jy vir jou man gesê hoe jy voel?" het sy geantwoord:

"Nee. Ek dink hy ken my goed genoeg om sulke dinge te *weet*."

As getroudes behoort ons in staat te wees om te sê wat ons nodig het, na mekaar te luister en ons maat se hartsbegeertes te verstaan. Namate ons saam groei, leer ons om ons maat se onuitgesproke behoeftes te ken. Al kan ons aanvoel wat verkeerd is, is dit ook belangrik om te praat. Deur bloot te sê: "Vertel my meer," kan jy die gesprek begin.

* Moenie sê wat jy *dink* nie, maar wat jy *voel*. Karin het dit so gestel: "Gevoelens is nòg reg nòg verkeerd. Ek het dit nooit besef nie. Sodra ek en my man verskil het, het ek dit as 'n persoonlike aanval beskou. Ek het gedink hy wil niks saam met my doen nie. So baie mense wat seerkry, sê nie wat hulle voel nie. Hulle is bang die ander persoon veroordeel hulle."

Gevoelens kom vanself; die reg of verkeerd het te make met hoe ons hierdie gevoelens gaan hanteer. Ek het gevra hoe Karin geleer het om te sê wat sy nodig het. Hier is haar antwoord: "Ek het begin met: 'Ek voel', en verder gepraat. Dan het ek gehoop dat die ander persoon nie sal dink dat my opregte pogings 'n persoonlike aanval was nie. Wanneer my man laat was, het ek gewoonlik gesê: 'Waar was jy?' Hy het gedink ek is ongelukkig. Ek het geleer om eerder te sê: 'Ek is eensaam' of: 'Ek is kwaad'. 'n Raadgewer het vir my 'n lys gemaak van die woorde wat gevoelens oordra. Ek het dit nie in my woordeskat gehad nie. Ek moes eers my gevoelens identifiseer voordat ek dit kon verwoord."

* Om te wen is nie belangrik nie. Trouens, binne die huwelik is daar nie wen of verloor nie. Hulle wat gedurig argumente wen, verloor gewoonlik hulle huweliksgeluk. Jesus het gesê: ". . . geen stad of huis wat onderling verdeeld is, sal bly staan nie" (Matt 12:25).

Ná sewe en twintig jaar van getroude lewe onthou een egpaar nog wat my vader op hulle troue gesê het: "Voordat julle saans gaan slaap, moet julle òf saamstem òf aanvaar dat julle verskil. Op dié manier sal julle altyd met mekaar saamstem."

* Aanvaar die ondersteuning van ander mense. Een jaar waarin ons lewens deur verskeie krisisse geteister is, het God drie ander pare in ons lewens gestuur om ons te versterk. Ons het as 'n groep bymekaargekom, Bybelstudie gedoen, gesing en gebid en mekaar so ondersteun. Ons kon mekaar vertrou om dít wat binne die groep gesê is, as vertroulik te beskou. Teen die einde van daardie jaar het ons 'n innige verbintenis gehad waarbinne ons mekaar se diepste behoeftes kon deel, selfs al kon ons net oor die telefoon praat. Al kom ons nou nie meer gereeld bymekaar nie, bly ons nog hegte vriende.

Aanvaar die werklikheid

As storms opsteek, maak ons ons huis se vensters toe. Wanneer krisisse ontstaan, moet ons net so sorgvuldig voorsorg tref.

As ons met mekaar kan kommunikeer, behoort ons saam te kan besluit. Dit is maklik om, wanneer dinge verkeerd loop, te sê: "Dit is jou skuld." Dan kom die antwoord: "Jy wou jou sin hê en ek het dit toegelaat, al was dit nie my keuse nie."

As ons mekaar in alle omstandighede wil ondersteun, is daar vyf woorde wat ons moet vergeet: *Dit is alles jou skuld.* As 'n probleem werklik veroorsaak is deur 'n verkeerde beslissing wat op een se aandrang geneem is, vra vergifnis. Vergeet dit. Moet nooit weer daaroor praat nie. Maak dit julle beginpunt.

Vergifnis is nie net iets wat ons skenk nie, dit is 'n lewenswyse. Dit beteken dat ons weier om ooit weer te sê: "Ek het vir jou gesê," of: "As jy maar net na my geluister het." Vergifnis beteken om die verlede met sy skuldgevoelens en afkeure agter te laat. Volkome vergifnis herstel ons maat se waardigheid onvoorwaardelik. Dan tree ons nie op asof ons verwag dat dieselfde probleem weer sal opduik nie.

Saamwerk beteken ook om tyd te maak vir seks. As jy voel dat jy geestelik ondergaan, kan daar honderd redes wees waarom jy nie die tyd het vir intieme verkeer nie. Jou slaapkamer kan jou vesting wees teen die bekommernisse van die wêreld. Moenie seks 'n plig maak nie. Dink aan die genot van jou maat en probeer hom of haar help ontspan.

As daar moeilike tye kom, kan ons kinders tot groot hulp wees, of hulle kan dit sien as 'n geleentheid wat hulle kan uitbuit tot hul eie voordeel. As ons die werklikheid onder oë wil sien, sal dit beteken dat ons nie sal toelaat dat hulle 'n wig tussen ons en ons huweliksmaat indryf deurdat ons kant kies teen mekaar nie.

Aanvaarding van die werklikheid kan ook beteken dat ons ons geliefdes sal toelaat om ons te sien huil. As ons ontsteld, bang of gespanne is, is dit maklik om ons kinders se gevoelens verkeerd op te som. Daarom probeer ons ons gevoelens wegsteek. Maar ons kinders voel dit tog aan. En dit kan vir hulle meer ontstellend wees as om met ons ware gevoelens gekonfronteer te word.

Een van die ongelukkigste mense wat ek nog teëgekom het, kom uit 'n huis waar die ouers altyd probeer het om sterk te wees. Hulle wou nooit hul ware gevoelens wys nie. So 'n houding hou 'n bedreiging vir almal in. Daar kom tye wanneer ons móét sterk wees sodat ons ander kan bemoedig. Maar daar kom ook tye wanneer ons moet erken: "Ek is ook bang. Ek het ook seergekry. Ek weet nie wat gaan gebeur nie." En as ons dan so eerlik was oor ons behoeftes, kan ons saam die Heilige Gees vra om vir ons op die beloftes van God te wys en ons sy krag te gee.

As probleme 'n onsigbare skeiding tussen julle veroorsaak, het jy dalk die behoefte om twee gebede te bid: "Help my om die konflik wat die intimiteit tussen ons benadeel te hanteer" en: "Maak my liefde vir my maat inniger as ooit tevore." Verwag om die liefde te ontvang. Jy sal.

Aanhouer wen

Te veel spanning en die onvermoë om ons behoeftes te verwoord, kan enigeen breekpunt laat bereik. In moeilike tye word ons probleme ook al hoe meer. Een krisis word soms die katalisator vir 'n ander een. As jy begin wonder of die lewe nog sin het, as jy vind dat jy gewelddadig raak of dat jy mishandel word, soek hulp.

In baie huwelike is dit nodig om ernstige probleme soos aanranding, alkoholisme en voortdurende ontrouheid te hanteer. As jy in dié situasie verkeer, soek hulp by 'n gerespekteerde Christelike berader. Hy of sy sal nie deur jou probleme geskok word nie, maar sal vanuit God se genade probeer rigting aandui.

"Een alleen kan oorweldig word, twee saam kan weerstand bied. 'n Driedubbele tou breek nie maklik nie" (Pred 4:12). Vir my vriendin Carol het dit baie gesê vir die huwelik.

"Ek het besef dat as daar twee mense is, is daar in werklikheid drie", het sy gesê. "As daar een is, is daar eintlik twee. Ons is nooit alleen nie. Daar is altyd nog iemand, net soos dit was met Sadrag, Mesag en Abednego. Toe hulle in die brandende oond geloop het, was daar 'n vierde persoon by hulle."

As Jesus die derde persoon in ons huwelik is, sien ons ons huis as 'n vesting teen die stormwind. Dink weer aan sy groot geskenk. As ons getrouheid kies, skenk Hy ons sy trou.

'n Eikeboom het baie jare lank in ons tuin gestaan voordat ons dit moes afkap. Van buite het dit gelyk asof die boom een stam het. Toe ons dit hoog teen die stam afsaag, *was* dit een boom. Maar naby die grond het ons op twee afsonderlike stamme afgekom. Deur die jare het hulle so verstrengel geraak dat hulle selfs deur een massa boombas bedek was.

Ons begin almal ons huwelikslewe as twee individue. Solank ons bang is om ons individualiteit of voorregte te verloor, bly ons verdeel. As ons onsself egter volkome oorgee aan mekaar en aanhou werk aan ons verhouding, groei ons nader en nader aan mekaar. Dan is ons sterker as wat ons ooit alleen kon wees. Dan kan ons probleme saam hanteer.

Liefde oorbrug die verskille wat ons andersins van mekaar sou geskei het.

9 Het jy die einde bereik van jou emosionele uithouvermoë? God se trou maak dit die begin van jou groei

Die liefde is onvoorwaardelik

Haar hare was teruggekam en vasgemaak, maar hier en daar het klein krulletjies sag om haar gesig gevou. Sy het met 'n sagte, vaste stem gepraat terwyl net haar oë en soms haar ineengestrengelde hande haar seerkry verraai het.

"Dit was 'n baie lang proses," het sy gesê. "Dit het jare geduur voordat ek selfs net daaroor kon praat. As ek aan die verlede dink, kan ek sien hoeveel ek gegroei het. En ek groei nog steeds."

Kom ons noem hulle Erika en Johan. Hulle verhaal vertel van elf jaar van sielesmart oor hulle dogter. Hulle het haar baie lief en ly nog steeds, want die probleem is nog nie opgelos nie. Ek het vir Erika gevra wat sy geleer het wat ander ouers kon help.

"Mense weet dat Susan 'n ernstige krisis beleef het, en hulle kom praat met ons," het sy geantwoord. "Hulle vermoed dat hulle kind moontlik ook begin dwelmmiddels gebruik en hulle is desperaat. My raad is: 'Hanteer dit nou. Konfronteer hulle nou en hou aan om hulle in liefde te konfronteer.' Ek en Johan erken albei dat ons verkeerd was. Ons het gedink: *Ons moet net lank genoeg wag. Dit sal verbygaan.* 'n Openlike konfrontasie is nodig. Jy konfronteer uit liefde, nie omdat jy veroordeel nie. Doen alles in jou vermoë om jou kind konstruktief te help, maar laat hom tog die vryheid om verantwoordelikheid vir sy optrede te aanvaar."

Toe gaan sy voort: "Die moeilikste vir my is seker om myself te vergewe omdat ek nie bewus was van wat gebeur het nie. Dit was asof ek nie wou weet nie, asof ek soos 'n volstruis my kop in die sand gedruk het. Ek het gedink dit is maar net normale tieneropstand en onafhanklikheid, want ek het nie die simptome van afwykende gedrag verstaan nie.

"Susan het een keer gegaan om professionele hulp te kry, maar sy wou nie weer gaan nie. Sy het ook geweier dat ons as gesin saam met haar gaan. Sy het gesê sy sal alleen gaan, maar het teruggekom en gesê: 'Hulle was besig. Ek kon nie 'n afspraak kry nie.' Ons het nie toe besef dat sy reeds besig was om te skerm nie. Ons moes geweet het wat besig was om te gebeur, maar dit kon tog *nooit* met ons dogter gebeur nie! Tans dink ons dat sy reeds kokaïne gebruik het voordat sy as agtienjarige die huis verlaat het. Die een of ander tyd daarna het sy 'n prostituut geword. Dit gaan dikwels saam met dwelmmisbruik."

Erika het beklemtoon hoe belangrik kommunikasie is: "Susan kon nooit oor haar gevoelens praat nie. Sodra sy in 'n hoek gedryf was of sodra daar baie gepraat is, het sy haarself onttrek. Sy het herhaaldelik weggeskram.

"Ouers behoort hulle kinders te help om te sê wat hulle voel. Vra vrae en laat hulle hul gedagtes en emosies met jou deel sonder veroordeling van jou kant. Opgekropte emosies kan in 'n tydbom verander.

"Ons het aanhou probeer om die kommunikasie aan die gang te hou. In die begin toe ons geweet het sy het probleme maar nie besef het wat die omvang daarvan was nie, het ons haar elke week gebel. In daardie stadium het sy herhaaldelik gesê: 'Ek is besig. Ek sal terugbel.' En sy het nie gebel nie. Ek was oortuig daarvan dat sy tog die oproepe van die huis nodig gehad het. Daarom het ek aangehou en soms net 'n kaartjie gepos om haar van ons liefde te verseker.

"Ek het dit sewe jaar lank gedoen – ten minste, as ek geweet het waar sy haar bevind het. Ek wou haar bewus maak van my liefde, sonder om haar te oorweldig. Soms het ons egter nie haar adres gehad nie en kon ons nie kontak maak nie. Ons het nie altyd eens geweet of sy nog lewe nie."

Ná 'n oomblik stilte het Erika voortgegaan: "Vroeër het ek nie geweet wat dit beteken om na God te roep nie. Ná ses maande waarin ons niks van Susan gehoor het nie, het ek egter gebid: 'Here, ek sien nie kans vir nog een dag sonder om te weet waar sy is nie'. 'n Paar dae later het Susan gebel."

Erika het meewarig geglimlag. "Ons het uitgevind waar sy

haar bevind het nadat sy twee waardelose tjeks uitgeskryf het. Ons vermoed dat sy kokaïne wou koop. My man sou haar kon vervolg het, maar ons het die geleentheid gebruik om haar te oorreed om die professionele hulp te aanvaar wat sy jare lank geweier het."

Skuldgevoelens en gevoelens van verwerping kan in so 'n situasie groot probleme veroorsaak. Erika het oor albei gepraat. "Tydens een onderhoud het Susan gesê sy wil graag meer dinge saam met haar ma doen – soos inkopies doen en middagete geniet. Tydens behandeling vir dwelmmisbruik sê mense dikwels wat hulle dink die dokter of die ouers wil hoor. Dit is nie noodwendig wat hulle regtig dink nie. Enersyds wil Erika dalk nader aan my kom, maar andersyds kan sy dit nie hanteer nie. Haar verbintenis met die dwelms is te oorweldigend. En 'n dwelmverslaafde sal enigiets sê solank hy of sy net kan voortgaan om dwelms te gebruik.

"Ek het probeer om meer tyd saam met haar deur te bring, maar dit het nie gewerk nie. Dit is vir die dwelmverslaafde onmoontlik om vooruit te beplan. Ná die volgende behandeling kon ek vir haar sê dat dit my gelukkig sou maak as sy met my wou kom praat. Sy moes egter self besluit om te kom. Sy moes mý kontak, want ek kon die verwerping nie langer hanteer nie. Ná baie jare het ek die einde van my emosionele uithouvermoë bereik."

Ek wou van Erika weet wat haar staande gehou het in die tyd toe sy so deur haar dogter verwerp is. "God het my lief, al verwerp ek Hom deur nie altyd te doen soos Hy wil hê ek moet doen nie," was haar antwoord. "Ek sê vir Hom dat ek jammer is oor die dinge wat ek geweet het ek verkeerd gedoen het. Ek weet ook dat ek Hom soms onwetend verwerp. Tog het Hy my steeds lief. Ek wil Susan net so onvoorwaardelik liefhê. Ek het so diep seergekry dat dit nie maklik is nie. Dit is 'n *lang proses* wat baie sielesmart insluit, daar is nie 'n kitsoplossing nie.

"Alle skuldgevoelens is moeilik om te hanteer. As jy regtig skuldig is, is dit makliker om te bely en vergifnis en vrede te kry. Ek weet ook dat, hoewel ek nie so volmaak was soos ek wou wees nie, God weet dat ek probeer het om 'n goeie ma te wees. In die begin het ek myself afgevra: 'Hoe kon ek met soveel goeie bedoelings soveel foute gemaak het?' Na baie selfondersoek en belydenis van woorde en dade wat moontlik verkeerd kon wees, het ek geweet God het my vergewe. Met die wete dat Hy my steeds liefhet, het die las van my afgerol.

"Ek kon my skuldgevoelens ook beter hanteer as ek gedink het aan al die ander dinge wat betrokke is wanneer mense dwelms misbruik. Daar was ook ander invloede in Susan se lewe, soos die invloed van ouer meisies, verkeerde druk van klasmaats, 'n opstandige gees en dwelms wat haar gedagtes verwar het. Mense soos Susan verloor hulle selfbeheersing en dit kweek negatiewe gedragspatrone. Dikwels wou ek egter alle blaam dra.

"Valse skuldgevoelens was 'n groot probleem. Ek glo Satan wou my totaal vernietig. Gedurende daardie eerste jare was dit die moeilikste. Hy het my wysgemaak dat ek so 'n groot mislukking was dat niemand dit wat ek sê of doen, na waarde sou skat nie. Ek het gevoel dat, ongeag wat ek vir God doen, dit nie sy seën sou wegdra nie.

"Soms wou ek my aan depressie en selfverwyt oorgee. Op 'n dag het ek egter besef dat *ek kon kies*. Ek kon Satan glo, of ek kon my met vasberadenheid en ywer tot beskikking van God stel. Wanneer ons krisisse beleef, is dit belangrik om te vra: Here, hoe moet ek dit hanteer?

"Die keerpunt was toe ek vir Satan gesê het: 'Jy torring aan Susan se lewe, maar myne kry jy nie'. 'n Mens moet weet dat God jou liefhet, want dit is die basis vir jou selfrespek."

Ek het gewonder of Erika moeilik aanvaar het dat sy die situasie nie kon beheer nie.

"Ja," het sy beklemtoon. "Dit is deel van die oorgawe, die afstand doen, die prysgawe. My eie gevoel van menswaardigheid en die gemeenskap verwag van my om die probleme wat in ons daaglikse lewe opduik, te hanteer, en dikwels het ek van die bonatuurlike krag van God vergeet. Hierdie oorweldigende probleem en my onvermoë om dit te hanteer, het egter veroorsaak dat ek nou volkome op God vertrou. Ek het geleer om die toekoms met meer hoop en vertroue in te wag omdat ek weet dat God die omstandighede beheer.

"In die verlede was ek oorbewus van wat ek sê en doen. Ons het altyd gehoor: 'Aan jou dade word jy geken.' Ek kon nie 'n volmaakte ma wees nie. Omdat ek my kinders die verskil tussen reg en verkeerd wou leer, het ek vir hulle gewys wanneer hulle iets verkeerds gedoen het. Susan het dít as veroordeling beleef. Feit is dat ek dit nie by haar kon tuisbring dat 'n mens iemand se optrede kan veroordeel terwyl jy die persoon self liefhet nie.

"Soms kon ek niks doen om Susan se omstandighede te verander nie, maar ek kon myself opbou. Ek het intensief Bybelstudie gedoen. Ek het by verenigings aangesluit wat my lewe kon verryk. Ek het voorlesings bygewoon wat my in staat kon stel om die probleem beter te verwerk."

Vir die meeste van ons kom die grootste versoeking om geestelik in duie te stort in die middel van die nag. Erika het gesê: "Dikwels het ek met allerhande gedagtes wakker geword. So baie dinge kon met haar gebeur. Dan bid ek, 'Here, sorg U tog vir haar, waar sy ook al is.' Soms het ek dit dus reggekry om haar oor te gee, maar ek voel nou baie nader aan volkome oorgawe. Ook dit was 'n baie lang proses. Bowenal wil ek vir Susan lyding spaar. Ek het egter geleer om op God te vertrou en op sy plan met my kind se lewe."

Sy het gepraat van God se beskerming toe Susan se dade deur die koerante en televisie uitgebasuin is. "Dit is interessant dat God ons weggeneem het van ons huis beide kere dat Susan groot krisisse beleef het," het sy vertel. "Dit was asof Hy wou sê: 'Ek kan die probleem alleen hanteer.' Ons weet nog nie, maar ons wonder tog of ons nie later Susan se inhegtenisname en haar blootstelling aan die publiek as 'n keerpunt sal sien nie.

"Die oggend voor haar verhoor sou begin, was ek verward en ontsteld. Ek het nie geweet wat om tydens stiltetyd saam met my man te lees nie. Hoewel ons nog ver van Hosea was, het ek 'toevallig' die Bybel by hoofstuk twee van dié klein profeet oopgemaak. Die hele hoofstuk was 'n verfrissing, so asof God vir Susan wou sê: 'Ek gaan jou aan My bind deur my weldade en my goeie sorg, deur my liefde en my ontferming . . . sodat jy aan My, die Here, toegewy sal wees (Hos 2:18,19).

"In die begin was die versoeking groot om ons huis te verkoop en na 'n plek te trek waar niemand ons geken het nie. Ek was baie jammer vir Johan toe hy die eerste oggend moes werk toe gaan ná al die koerantberigte. As daar egter lelike dinge gesê is, was ons nie daarvan bewus nie. Die mense het ons liefgehad en ons het bemoedigende briefies, teksverse en telefoonoproepe ontvang. Gevolglik kon ons met meer oorgawe liefhê. En daarom kan ek sê: Moenie jou seerkry vir jouself hou nie. Deel dit met ander mense, hulle sal verstaan en vir jou bid. Hulle kan net van jou probleme weet as jy dit vir hulle vertel. Dit is nie maklik om tussen 'n skare mense te beweeg en te weet hulle weet jou kind het verkeerd gedoen nie. Maar as dit nie vir daardie blootstelling was nie, sou ek heel moontlik nie nou ander ouers kon gehelp het nie.

"Die gebeure het my ook geleer om vir my vyande te bid, selfs vir die man wat my dogter tot misdaad verlei het. Ek het ook besef die negatiewe gesindhede kom van die Satan en positiewe, gelowige gedagtes van God. Wat 'n openbaring was dit nie om te besef dat al die moedeloosheid wat ek tydens die verhoor beleef het, eintlik van Satan en nie van God gekom het nie!

"Bowenal het ek die ondersteunende krag van God se genade leer ken. Soos God aan Paulus gesê het: 'My genade is vir jou genoeg. My krag kom juis tot volle werking wanneer jy swak is' (2 Kor 12:9).

"My man het by die verhoor opgedaag, maar Susan het hom gevra om te gaan. Hy het geantwoord: 'Ek gaan nie die hele tyd hier bly nie, Susan, maar jy moet weet dat ek jou nooit as verlore sal beskou nie.'

"Onlangs het hy gesê: 'Ek het geleer om myself nie meer vir alles te blameer nie. Ek kan nou beter op my dagtaak konsentreer as voorheen. Miskien het ons foute gemaak – ek weet ons het nie alles reg gedoen nie – maar ek besef dat die beslissing om verkeerd te doen nie ons s'n was nie. Susan het 'n keuse gehad. Ons sal nooit weet wat haar verkeerd laat kies het nie.'"

Terwyl sy terugdink, het Erika gesê: "Daar was tye toe my seerkry so groot was dat ek my liefde van Susan weerhou het.

Ek het haar nog altyd liefgehad, maar die warm gevoel wat ek vir haar gehad het, was weg." Met God se hulp kon sy nou weer liefhê en 'n warm toegeneentheid vir Susan hê.

"Wanneer ek 'n klein rukkie by haar is, kan ek vir haar liefde gee. Dit is God se genade. Dit is een van die baie seëninge van hierdie situasie. Ek het geleer wat dit beteken om onvoorwaardelik lief te hê. Christus is nou my metgesel en nie net iemand na wie ek soms om hulp roep nie.

"Ek het geleer om meer spesifiek te bid vir familie en vriende. Ek vra nie net dat dit met hulle goed sal gaan nie, maar dat hulle geestelik sal groei. My hele lewe het 'n gebed geword."

Sy het gepraat oor haar verwagtings vir Susan. "Voordat sy so baie probleme gehad het, het ek so baie drome en verwagtings vir haar gehad. Ek wou haar graag getroud sien, met 'n gelukkige gesin en 'n innige verhouding met die Skepper.

"Vandag weet ek dat my verwagtings vir my eie beswil nie vervul is nie. Daar kan geen resultate wees voordat sy nie hulp kry vir haar verslawing en God sy helingsproses begin nie.

"Wat die toekoms ook al oplewer, ek sal nooit moed verloor nie. Ek weet dat haar optrede tans 'n front is wat ineengestrengel is met haar maats en haar verslawing. Ek weet dat daar soveel mooi dinge in haar is wat nog tot uiting moet kom. Ek glo dat God haar wil herskep in die mens wat Hy wil hê sy moet wees. Hy het gesê: 'Ek sal julle vergoed vir die tyd van sprinkaanswerm op sprinkaanswerm toe my groot leër wat Ek teen julle gestuur het, julle verteer het' (Joël 2:25).

"Ek bly glo dat ek nie tevergeefs gebid het nie. Ek het geleer om my oë op die kruis gerig te hou en in alle omstandighede te bly hoop. Hoe sleg dit ook al gaan, ons het steeds God se belofte. Loof die Here, ons *het* reeds oorwin!

"Ek sien Susan vrygemaak en stralend. Vry van die band wat haar gebind het, omdat God haar volkome vergewe het vir haar verlede; stralend omdat sy 'n oorgegewe kind van God is.

"Hiervoor is daar nie 'n kitsresep nie."

Afgesien van die beloftes wat ons reeds genoem het, het Erika spesiale betekenis geheg aan die volgende gedeeltes: Psalm 108:12-13; Spreuke 3:5-6; Jesaja 41:10-13, 59:21; Jeremia 31:1-17; Habakuk 2:3; Romeine 15:13; 2 Korintiërs 10:2-6.

10 Vergifnis moet nie verwar word met passiwiteit nie. Elke keer as jy vergewe, ontvang jy 'n bloedoortapping

God se geneesmiddel vir pyn

Die kwetsende woorde is gesê. Oomblikke later wens Dina dat sy dit ongedaan kan maak. *Ek het dit nie regtig bedoel nie,* dink sy. *Ek beleef spanning by die werk en nou ontgeld almal rondom my dit. Hoe kan ek alles weer regstel?*

Herken jy die gevoel? Miskien is jy seergemaak of gefrustreerd en kwaad. Jy het onnadenkend gepraat, of iemand het jou in woede iets toegevoeg. Moontlik het jy jou werk verloor en voel jy 'n totale mislukking – selfs in jou persoonlike verhoudings. Nou is daar 'n magtelose gevoel in jou binneste omdat jy wéér te veel gesê het. Miskien wou jy graag positiewe dinge gesê het en het jy nie geweet hoe nie.

Alle mense wil geliefd wees en gerespekteer word. Wanneer liefde egter 'n innige of 'n lang verhouding tot gevolg het, het die verhouding een ding nodig – vergewensgesindheid.

Net vergifnis alleen kan 'n verbrokkelde verhouding genees. As ons bewus is daarvan dat ons geestelik ten gronde gaan, as ons smag na God se trou en sterkte, hoe kan ons ontvanklik wees vir sy genesing?

Wees bewus van die geleentheid

Sandra was agtien jaar oud toe sy getroud is. Haar man was 'n getroue kerkganger en oënskynlik 'n aangename mens. Nie lank na hulle troue nie het sy egter uitgevind dat hy 'n vonnis van etlike jare uitgedien het vir strafbare manslag. Ten spyte daarvan dat hy nie gerehabiliteer kon word nie, is hy uit die gevangenis ontslaan. Hy kon egter glad nie by die normale samelewing aanpas nie.

Vir Sandra en haar kinders het sy probleem aanranding en

mishandeling beteken. Daar was nooit genoeg geld vir die huis nie. Ten spyte daarvan dat hy ook gereeld ontrou was en hulle dikwels in die steek gelaat het, het sy by hom gebly. Toe sy haar derde kind verwag, het hy die huis vir goed verlaat.

As jonggetroude het sy tot bekering gekom en iets ontdek wat onontbeerlik vir elkeen van ons is: die *noodsaaklikheid* van, maar ook die *geleentheid* om te vergewe. "Die onvermoë om te vergewe is 'n hoofoorsaak van lyding," het sy gesê. "Dit is 'n onfeilbare metode om die werking van God se genade in jou lewe te dwarsboom. Dit vernietig jou vermoë om te vergewe en is 'n hoofoorsaak van lyding. Dit vernietig jou vermoë om probleme te hanteer. Haat bring boosheid en sonde in jou lewe."

Die omstandighede waarin Sandra geleef het, het haar gedwing om geestelik sterker te word – sy moes elke mens wat haar ongelukkig gemaak het, opnuut vergewe. Sy het verduidelik: "Ek het 'n lys van alle ware en gewaande oortredings teen my gemaak. Toe het ek dit verbrand. Net soos die papier verbrand het, so het vergifnis die oortredings teen my ongedaan gemaak. Dit het nie meer bestaan nie."

Skenk vergifnis

Woede swig voor vergifnis. Hoe gouer 'n mens kan vergewe, hoe beter, want hoe langer jy uitstel, hoe meer skade word aangerig. Ook hierin versterk Jesus ons. Deur sy lyding en kruisdood het Hy ons geleer vergewe. Deur te bid: "Vader vergeef hulle," het Hy ons geleer hoe om dit te doen. In Johannes 20:23 het Jesus aan sy dissipels gesê: "As julle vir mense hulle sondes vergewe, word dit hulle deur God vergewe; as julle dit nie vergewe nie, word dit nie deur God vergewe nie." As ons dissipels in 'n sterwende wêreld wil wees, moet ons hulle wat teen ons oortree, vergewe.

As ons nie vergewe nie, veroorsaak ons opgekropte ongelukkigheid 'n groeiende wrok in ons harte. Ons word al meer verbitter en terneergedruk.

Janie het geweet sy moet vergewe en het begin bid: "Here, ek wil vergewe . . ." Ek het haar in die rede geval. "Janie, vergewe net. Nou." Saam kon ons die Johannes 20:23-gebed bid: "Jesus, in u Naam vergewe ek die persoon wat teen my gesondig het. Ek vra dat U hom seën. Vergewe my die wrok wat ek koester en die bitterheid wat ek voel."

Mense sê dikwels vir my: "Ek kan nie vergewe nie." Of hulle sê: "Ek kan vergewe maar ek kan nie God se seën vra vir daardie persoon nie." Vergifnis en seën word deur 'n wilsbesluit gegee of weerhou. Ons besluit of ons gaan vergewe of nie. Die eerste keer dat ons die gebed in Johannes 20:23 bid nadat ons seergekry het, sal ons heel moontlik nie dadelik vry voel nie. Dalk kom dit eers ná talle gebede. *Tog hoor God ons reeds die eerste keer, want ons het besluit om te bid soos Hy beveel het.* Op sy tyd sal ons vry word.

Praat help soms

Dikwels bring gebed heling. Soms moet ons egter met iemand praat voordat ons heling ondervind. Vir baie van ons is dit 'n groot probleem, want wanneer ons regtig seerkry, skulp ons toe. Een man het sy vrou se angs ná 'n belediging by die werk so beskryf: "Ek het my vrou nog nooit so ontsteld gesien nie. Sy kon geen woord uitkry nie. Sy kon nie eens vertel wat gebeur het nie."

Wanneer ons seerkry of veronreg word, dink ons dikwels: "Ek kan nie waag om iemand hiervan te vertel nie, hulle dink dalk minder van my, en dít sal ek nie kan verwerk nie." As ons nie praat oor hierdie probleme nie, gebeur dieselfde as wanneer ons nie kan vergewe nie - ons negatiewe gevoelens word 'n innerlike stryd. As ons leer om woede te hanteer, beweeg ons weg van depressie.

Nadat ons met iemand gepraat het, moet ons die gebed van Johannes 20:23 bid. Soms vra God egter ook dat ons die saak moet uitpraat met die persoon wat ons seergemaak het.

Om te vergewe moet ons ons eie selfgenoegsaamheid en wil om *altyd* te wen, opoffer.

Maak opofferings

Dit kan soms baie moeilik wees om te praat, maar God laat ons nooit verniet ly nie. Seerkry is in sy oë nooit 'n verspilling van tyd nie. Ons verspil wel tyd wanneer ons nie sover kan kom om openlik 'n saak uit te praat nie. As ons verskille openlik bespreek, is ons op pad na volkome innerlike genesing.

Gewoonlik is ons bang vir die ander persoon se reaksie. Slegs een keer het ek ná so 'n konfrontasie seerder anderkant uitgekom. Die persoon het vir my gesê: "Ja, ek vergewe jou, maar jy het ook hierdie en daardie onreg gepleeg." Op elke beskuldiging, reg of verkeerd, het ek gevra: "Sal jy my daarvoor ook vergewe?" Ná 'n halfuur kon ek dit nie meer hanteer nie en het ek die gesprek beëindig.

Later het ek baie gehuil. Hierna het ek besef iets het verander – nie in die ander persoon nie, maar in myself. Ek het altyd gedink: *Alles is my skuld. Ek kan deur hard genoeg te probeer, die situasie verander. Dit sal ons verhouding volmaak maak.* Daardie dag het God my van alle valse skuldgevoelens bevry. Hy het my gevoel van verwerping weggeneem en vir my gesê: "Jy het jou bes gedoen. Dit is nou in my hande . . ."

Wie se verantwoordelikheid is dit?

Wanneer ons moet vergewe, moet ons 'n eerlike waardebepaling maak – nie om die skuld op ander te pak nie, maar om vrede in ons gemoed te kry. Miskien moet ons sê: "Ek het my bes gedoen om liefde waardig te wees, maar ek kan niemand dwing om my lief te hê nie." Dan kan ons besluit: "Ek kan nie my omstandighede verander nie, maar *die Heilige Gees kan my help* om my reaksie daarop te verander."

Dan erken ons sonder om te veroordeel die onderskeid. "Dit is nie my probleem nie. Ek het my bes gedoen, maar dit is die ander persoon se probleem." Wanneer ons dít erken, hou ons nie op om vir die ander persoon te bid nie. Ons voel nie meer verward en bid uit swakheid nie, maar met bevryding kan ons die probleem aan God opdra.

Christus ken die balans tussen kalmte en drif. Toe Hy verhoor is, het Hy min gesê, maar toe geldwisselaars die heiligheid van die tempel geskend het, het Hy die tafels omgekeer en hulle uitgedrywe. Sy optrede het gesê: "Dit is genoeg. Ek duld julle optrede nie verder nie."

Wanneer ons ons eie omstandighede in God se lig sien, moet ons ook besluit wat gepas is – kalmte of drif. Ná twee spannende siektetoestande, een lewensgevaarlik, het ek genoeg van die "geldwisselaars" gehad. Ek het die mense wat my aanhoudend misbruik het omdat ek liefde en goedkeuring nodig gehad het, aan die Here opgedra. Ek kon bid: "Here, ek is moeg om fisiek siek te wees omdat ek hulle optrede nie kan verwerk nie. Ek sal hulle liefhê en vir hulle bid, hulle help waar nodig, maar ek vra die vermoë om hulle optrede in perspektief te sien."

'n Jong student het gesê: "Ek weier dat die brandende pyle hulle gif versprei. Al is ek hulle teiken, is ek nie noodwendig die probleem nie."

Die toekomsblik

Ná 'n stryery tussen hulle veewagters het Abram vir Lot toegelaat om eerste te kies – die beste te kies. Dit het gelyk asof Abram verloor het, maar ná Lot weg is, het God Abram opnuut geseën (Gen 13:14-17).

Om te vergewe is nie om passief te wees nie. Wanneer ons vergewe en saam na oplossings soek, word ons geestelik sterker. Ons kry nuwe lewe en kan ons omstandighede beter hanteer. Christus is ons grootste motivering.

Onthou wat met Lea gebeur het. Hoewel Jakob haar nie kon liefkry nie, was God aan haar kant. Toe Hy sien wat sy nodig het, het Hy vir haar kinders gegee. Sy het vir Jakob drie seuns gegee en het bly hoop dat hy haar sou liefkry. Dit het nie gebeur nie. Toe die vierde seun gebore is, het sy hom Juda genoem en gesê: "Hierdie keer prys ek *die Here*" (Gen 29:35). Juda was die voorvader van die Messias.

Net soos Lea, verstaan ons miskien nie hoekom ons aanhoudend moet seerkry nie. God kan ons egter help om steeds vertroue in die toekoms te hê. Die optrede van die wrede Fariseërs het 'n doel in Christus se lewe gehad. Dit het Hom gehelp om sy ewigheidswerk te doen. Die Heilige Gees kan ook in ons lewens werk. "Die Here my God help my, ek sal nie teleurgestel staan nie; ek sal my nie ontstel nie, ek weet ek sal nie in verleentheid kom nie" (Jes 50:7).

11 Waarop dui jou letsels?

Verruil jou wonde vir selfagting

'n Mooi jong vrou het die vraag waarvan almal wegskram gevra: "Hoe hanteer jy die letsels van 'n mastektomie?"

Haar vraag het my opnuut laat besef wat 'n wond beteken – fisiek, emosioneel of geestelik. As 'n geestelike of emosionele wond nie gesond word nie, bly ons onseker van onsself. Die letsel wat 'n gesonde wond laat, dui op geestelike groei.

Kan ons kies om geestelik gesond te word? Kan ons ons selfvertroue op Jesus Christus bou? Laat ons eers besluit wat ons met die bestaande "wonde" in ons lewens kan doen.

Soms kan iets wat ons emosioneel ontwrig het, deur een groot gebeurtenis reggestel word, maar gewoonlik is dit 'n geleidelike proses. Dit duur lank terwyl ons die probleem onder die oog bring en die situasies wat ons seergemaak het, verwerk.

Ek onthou my eerste bad ná my mastektomie. Die snit was nog 'n opgehewe rooi streep. Ek was baie bly toe die verpleegster my alleen gelaat het. So kon ek alleen wees met die werklikheid. In daardie oomblik het ek geweet dat baie vriende vir my gebid het, want ek het die ondersteunende liefde van die Heilige Gees ondervind. Terwyl ek die trane wegsluk, het ek gedink: *As dit nie erger word nie, kan ek dit hanteer.*

Nadat ek huis toe is, het 'n dame my kom besoek. Hoewel sy dit seker goed bedoel het, het haar takserende oë haar gedagtes weerspieël. Nadat sy weg is, het ek my hart onbeskaamd uitgesnik. Uiteindelik het ek besef dat ek aan sulke behandeling gewoond moet raak. Uit ondervinding het ek geleer dat 'n gevoel van eiewaarde sonder vergifnis nie moontlik is nie. Al het ek nie so gevoel nie, het ek die gebed van Johannes 20:23 gebid: "Jesus, in u Naam vergewe ek haar. Ek vra dat U haar sal seën." Twee weke later was ek verbaas toe 'n soortgelyke situasie my nie meer so ontstel het nie. God se heling was 'n werklikheid.

Wanneer ons emosionele pyn beleef, kan ons nie altyd sê hoe ons voel of ons gevoelens verklaar nie. Dan moet ons onthou dat om te vergewe 'n wilsbesluit is. Dit help my as ek my verbeel Jesus staan langs die persoon wat my seergemaak het, want dit is moeilik om kwaad te wees in sy teenwoordigheid.

Om te voel dat ons liefde waardig is, is net so noodsaaklik vir ons selfbeeld as vergifnis. Ons geniet almal die *gevoel* dat ons liefde waardig is, maar om dit te *weet* is selfs belangriker. Nadat ek die Johannes 20:23-gebed gebid het, het ek gevra: "Jesus, ek vra heling in u Naam. Verbind al die stukkende plekke en bring volkomenheid vir ons albei. Laat u Gees se liefde deur ons vloei en so ons selfvertroue herstel. Dankie." Dikwels antwoord God ons met 'n onmiddellike gevoel van behaaglikheid. Op ander tye vind ek dat my gevoel van eiewaarde terugkeer as ek my beroep op beloftes soos dié een wat aan Jeremia gegee is:

"Ek sal jou gesond maak, jou wonde genees, sê die Here . . ." (Jer 30:17).

Die Heilige Gees gebruik ons bereidheid om so te bid. Dit maak nie saak of die gebede bedoel is vir nuwe of ou probleme nie. Ons gevoel van eiewaarde kan groei, of nie ontkiem nie, afhangende van ons "wortels" en die hoeveelheid water wat dit kry. As kinders het ons ons ouers, broers en susters, onderwysers en vriende nodig om ons aan te moedig en ons gevoel van eiewaarde te help ontwikkel. Elke keer wat ons 'n nuwe ondervinding beleef en oorwin, leer ons om by veranderende lewensomstandighede aan te pas. Terwyl ons grootword, het ons aanhoudend 'n behoefte aan positiewe ondervindings en die gevoel dat ons liefde en respek waardig is. Soos 'n blom oopgaan in sonlig, so open ons onsself vir warmte en goedkeuring.

As ons nie aanmoediging ontvang nie, sal ons nooit ons volle potensiaal bereik nie. Dikwels blameer ons ander mense en hulle mislukkings vir ons probleme. Wat ons wel nodig het, is

God en sy genesende krag om dit wat in die verlede gebeur het, te herstel.

"Jesus Christus is gister en vandag dieselfde en tot in ewigheid" (Heb 13:8). Hy was by ons toe ons ondersteuning so nodig gehad het en dít nie gekry het nie. Jare later gee Hy heling as ons die mense wat ons seergemaak het, vergewe.

Nadat ons ander vergewe het, kom ons by die moeilikste gedeelte – om onsself te vergewe. Weer eens is dit 'n wilsbesluit. Ek het op 'n dag besef dat ek moet vrede maak met my voorkoms ná die operasie. Ek het Jesus se letsels onthou – in sy hande, voete en sy sy. Was die letsels nie vir my nie?

Toe kon ek bid: "Jesus, in u Naam vergewe ek myself vir my voorkoms." Die Heilige Gees het daardie gebed geseën en ek het nooit weer ongelukkig oor my letsel gevoel nie. Ek was gewond, maar ek lewe. Ek het seergekry, maar in Jesus het ek gegroei.

Noudat ons wonde genees is, hoe kan ons voortgesette sorg ontvang? Die sensitiewes onder ons versamel seerkry soos 'n snuifbal wat in 'n stowwerige gang afrol. Dit word van ons verwag om ander mense se nood raak te sien en met simpatie daarop te reageer, dit te beleef asof ons dit self ervaar. As ons egter oorsensitief is, raak ons ongebalanseerd en so verstrengel in ander se leed dat ons nie normaal en gesond as Christene kan leef nie. Ook hiervan kan God ons genees as ons dit aan Hom oorgee.

Nadat ons ou wonde en negatiewe gesindhede agtergelaat het, moet ons daagliks elke nuwe bedreiging afweer.

Ons tref voorsorg om infeksie in 'n wond te voorkom. Net so kan geestelike infeksie intree en ons gevoel van eiewaarde beïnvloed as ons die Bose toelaat om vuilheid in ons gemoed te laat insypel.

Terwyl ek 'n kursus by 'n universiteit bygewoon het, het ek liederlike graffiti op mure gelees. Ek het vuil gevoel en geweet dat ek die woorde moeilik sou vergeet. In daardie oomblikke het die Heilige Gees my geleer om te bid: "Here, reinig my gedagtes. Ek *wil* die lelike woorde vergeet."

Dit is egter nie genoeg om net te bid teen negatiewe of vuil gedagtes nie – ons moet dit vervang met goeies. 'n Gesonde selfbeeld groei uit 'n skoon liggaam met 'n skoon gees. Soos Paulus gesê het:"Verder, broers, alles wat waar is, alles wat edel is, alles wat reg is, alles wat rein is, alles wat mooi is, alles wat prysenswaardig is – watter deug of lofwaardige saak daar ook mag wees – daarop moet julle julle gedagtes rig" (Fil 4:8).

In krisistye wil ek hê die bank van my gedagtes moet oorloop met beloftes wat ek na willekeur kan onttrek. 'n Mooi gedagte uit Psalm 45: ". . . want u skoonheid bekoor die koning. U behoort aan hom, u moet hom eer" (v 12).

Ná my mastektomie was ek dankbaar vir die baie redes waarom ek wou bly leef – my gesin, my werk en my verhoudings met my vriende. Ek het geweet dat skoonheid Geesgefundeer is. Dit is die innerlike skoonheid wat die mense wat God soek, ontvang: "Ons almal weerspieël die heerlikheid van die Here, want die sluier is van ons gesig af weggeneem. Ons word al meer verander om aan die beeld van Christus gelyk te word. Die heerlikheid wat van ons uitstraal, neem steeds toe. Dit doen die Here wat die Gees is" (2 Kor 3:18). Mense met dié glans het 'n skoonheid wat groter is as enige fisieke skoonheid.

As ons ons wonde vir selfagting wil verruil, moet ons ook soms sterk medisyne drink. Ons is soms so geneig om dít wat ons bereik, te vergelyk met die prestasies van ander mense. Miskien is jy soos ek. Al veg ek hoe hard daarteen, vergelyk ek gewoonlik my swakhede met 'n ander persoon se goeie kenmerke. Natuurlik kom ek altyd die slegste daarvan af.

Een van my vriende het 'n ander probleem: "Ek voel ek moet volmaak wees. As iemand sê: 'Dit was goeie werk!', antwoord ek: 'Ek was net vyf en negentig persent suksesvol, daarom het ek misluk. Ek moes honderd persent behaal het.'"

Dit is nie die nederigheid van die Woord nie. Dié soort strewe kom uit 'n swak selfbeeld. Vir 'n baie lang tyd het ek geworstel met gevoelens van perfeksionisme en onwaardigheid. Eendag het die Heilige Gees vir my gewys dat my trots eintlik die probleem was. Wat daarvan as ander nie genoeg van my dink nie? Herhaaldelik het ek my gedagtes as sonde voor God bely en Hom gevra vir die vermoë om my beste te lewer – nie meer nie, maar ook nie minder nie.

Ons almal het dinge nodig waarmee ons ons kan vereenselwig. As ons byvoorbeeld aanvaar dat ons deursettingsvermoë het, kan ons aanhou – selfs onder moeilike omstandighede. Dan voltooi ons 'n projek waarvan ons nie hou nie omdat dit voltooi moet word.

Daar is egter 'n ander noodsaaklike waarheid oor 'n gevoel van eiewaarde: *ons is waardevol ook sonder die eienskappe waarmee ons onsself identifiseer*. Soms lyk dit asof ons geliefdes, veral ons kinders, ons net liefhet omdat ons vir hulle sorg. Terwyl ek in die hospitaal was en nie kon werk nie, het my gesin my in elk geval liefgehad. Dit geld vir God ook. Hy sal ons nie minder liefhê omdat ons ons werk verloor het, of omdat ons nie meer soveel kan doen soos vroeër nie. Hy het jou lief net soos jy is. Hy sê: "Ek het jou nog altyd liefgehad, daarom het Ek jou met geduld verdra" (Jer 31:3).

Wat sou gebeur het as ons nie kon werk nie en ons ons selfbeeld volkome moes bou op die optrede en reaksie van ander mense? Beide ons én hulle gevoelens verander na gelang van omstandighede. As die omstandighede positief is, voel ons positief omtrent onsself; as die omstandighede negatief is, voel ons negatief omtrent onsself. Wanneer ons moeg of moedeloos is, kritiseer ons onsself en verloor ons nog meer hoop.

God is die enigste wie se liefde nooit verander nie. "Op 'n dag toe ek baie moedeloos was," so vertel 'n vrou, "het ek Jesus se gebed ontdek oor die mense wat nog tot geloof moet kom: '. . . sodat die wêreld kan weet dat U My gestuur het en hulle liefhet net soos U My liefhet'" (Joh 17:23). Jesus het openlik erken dat God ons net so liefhet soos wat Hy sy enigste Seun liefhet. Jesus is nie 'n jaloerse ouer broer nie.

Glo ons egter werklik wat God die Vader en God die Seun gesê het? Is ons nie dalk so besig om ons wonde te vertroetel dat ons God nie die kans gee om hulle te omskep in 'n gevoel van eiewaarde nie? Ek is seker Hy wil eerder hê ons moet na Hom kyk as om gedurig na binne te kyk.

Ná 'n reeks ondervindings wat my gevoel van eiewaarde weer 'n groot knou gegee het, het ek my predikant gevra om vir my te bid. Ná die gebed het ek die volgende woorde neergeskryf sodat ek dit kon onthou: "My waarde steun nie op aanvaarding of verwerping nie. Dit steun nie op sukses of mislukking nie. My eiewaarde is nie afhanklik van die liefde van ander mense nie. Ek het waarde omdat ek Jesus Christus se vergifnis en liefde het. *Die grond aan die voet van die kruis is gelyk.*"

Omdat Hy gekruisig is, staan Jesus Christus met uitgestrekte arms om ons almal te verwelkom. Sy letsels is die bewys dat iets gebeur het. Dit bevestig ons grootste geskenk – vergifnis en die ewige lewe. Dit bevestig egter ook vir ons dat Hy lyding ken. Hy sal sy belofte gestand doen: "Elkeen wat die Vader vir My gee, sal na My toe kom; en Ek sal hom wat na My toe kom, nooit verwerp nie" (Joh 6:37).

12 Eensaamheid laat 'n klomp rommel in jou lewe ophoop

Vier maniere om eensaamheid te oorwin

Moenie bang wees nie, Ek is by jou . . . (Jes 41:10).

Moenie bang wees nie. Dié woorde is duidelik en vol belofte. Niemand wil alleen wees nie. Eensaamheid word dikwels geassosieer met alleenlopers, maar dit is eintlik 'n siekte wat alle mense teister.

Die meeste van ons vrees dié siekte – en dit is goed te verstane. Ons behoefte aan liefde is immers een van die mees basiese behoeftes van die mens. Ons wil nie eens erken dat ons eensaam is nie omdat dit op 'n onlogiese wyse daarop dui dat ons misluk het. Ons hou nie van die leegheid wat aanhoudend hoop dat ons 'n spesiale persoon sal ontmoet nie – moontlik in die volgende kamer wat ons binnegaan, of in die volgende straat waar ons stap. Dit maak seer om te smag na die teenwoordigheid van 'n geliefde wat ver van ons af is. Nog pynliker is die smart ná die dood. Ons voel in twee gesny, met die stukkende kant blootgestel en bloeiend.

Eensaamheid laat ons voel asof ons dinge nie meer kan hanteer nie. Dikwels, wanneer ons krisisse weens ander redes nie kan hanteer nie, voel ons ook alleen, deur ander mense verlaat. Niemand verstaan ons nie.

Maar wat sê die Here? Moenie vrees nie. Moenie bang wees nie, selfs nie vir eensaamheid nie. *"Luister, so sê die Here wat jou geskep het, Jakob, wat jou gevorm het, Israel: Moenie bang wees nie, Ek verlos jou, Ek het jou op jou naam geroep, jy is Myne"* (Jes 43:1; vgl v 1-3).

Hoe kan ons sonder twyfel weet dat ons aan die Here behoort? Dit maak nie saak wat ons ervaar nie – 'n enkelwoonstellewe, ontrouheid, die dood van 'n geliefde, huweliksprobleme, die gevoel van verlatenheid in 'n goddelose wêreld – daar is sekere beginsels wat dieselfde bly. Hoe kan ons God se getrouheid ervaar?

Eerstens moet ons glo dat God die beste vir ons wil hê. God verseker elkeen van ons van sy liefde: "Ek het jou op jou naam geroep, jy is Myne" (Jes 43:1). Tog vra ons: "Het God regtig van mý gepraat?"

Uit al die triljoene mense wat reeds gelewe het, die ontelbare skares wat nou leef en die mensemassas wat nog sal lewe, ken God elkeen van ons by die naam. Hy sê: *Jy is Myne*. Wanneer eensaamheid ons in die versoeking bring om hieraan te twyfel, kan ons onsself herinner: "Ten spyte van wat ek voel, ek is Syne. Ongeag hoe ander mense teen my optree, ek is Syne. Al lyk dit asof ek 'n mislukking is, ek is Syne."

Soms voel ek alleen omdat ek God se tydberekening nie wil aanvaar nie: wat ek wil hê, wil ek op mý tyd hê. Soms is my probleem dat ek my by veranderende omstandighede moet aanpas.

Eensaamheid het egter ook baie ernstiger oorsake.

Ina kon getuig van die verskil wat die Heilige Gees maak. "Die Here het my toegerus," het sy gesê. "Dit is sekerlik nie wat ek sou verkies het nie, maar die Woord het my gehelp om God se teenwoordigheid in alles te ervaar. Ek glo regtig dat die situasie sý beste vir my is."

Nadat sy reeds vyf jaar 'n weduwee was, kon sy sê: "God het my beskerm. Net een keer het ek daardie verskriklike diepe eensaamheid ervaar. Kort ná Fred se dood het ek een nag beangs wakker geword en gedink: 'Ek is alleen in die hele wêreld.' Ek het my Bybel geneem, maar ek kon nie eens lees nie. Ek het dit net vasgehou totdat ek weer aan die slaap geraak het."

Die meeste van ons ken die hulpelose gevoel wanneer eensaamheid oor ons spoel by die blote gedagte aan 'n geliefde. Ina het verwys na 'n Sondagmôre toe sy in trane uitgebars het. "Ja, ek mis my man. Wanneer ek sien hoe ander mense uitstappies beplan, dink ek: 'Dié hoofstuk sal nie vir my geskryf word nie.' Wanneer ek 'n vrou hoor kla oor haar man, dink ek: 'Hoe kan jy kla? Hy is nog by jou.' Behalwe vir daardie een keer het ek nooit werklik alleen gevoel nie. Die Here het altyd op die moeilike dae iemand na my toe gestuur. Dit is goed om dit te weet en op die uitkyk te wees vir die mense wat daar sal wees."

Tweedens ondervind ons God se getrouheid as ons te staan kom voor die keuse òf om deur ons omstandighede oorweldig te word, òf om op God te vertrou. Hy verseker ons: "As jy deur water moet gaan, is Ek by jou, deur riviere, hulle sal jou nie wegspoel nie . . ." (Jes 43:2).

Dit is nie vreemd om alleenheid te vrees nie, veral nie wanneer ons 'n groot verlies ervaar het soos die dood van 'n huweliksmaat nie. Ons moet dit dan egter eerder erken as om te maak asof dit nie bestaan nie. Wanneer ons vrees vir ondergang meer is as wat ons kan hanteer, hoe kan ons *weet* dat God ons sal deurhelp?

God moedig ons aan om op die water te loop. As ons ons oë op Jesus rig en op die beloftes van sy Woord, kry ons die Heilige Gees se vermoë om in die geloof te lewe. Dan vind ons Jesus is groter as ons omstandighede. Een jongman het gesê: "Daar was alleentye toe die Heilige Gees my herinner het: 'Waarom verwyl jy nie 'n bietjie by My nie'?"

Een van die grootste geheime van die lewe in Christus is om op God se beloftes te bou en nie op ons gevoelens nie. Ons doen dit deur te besluit om die Bybel te begin lees. As ons Hom toelaat, sal die Heilige Gees ons help kies. Dan seën God ons begeerte om op Hom staat te maak. Op die regte tyd orden Hy ons emosies.

Miskien moet ons besluit: "Dit is te uitputtend om hartseer te wees. Ek gaan terugkeer na die werklikheid van die lewe." Ina het dit so gestel: "Om eensaamheid te hanteer beteken om te besluit jy gaan nie alleen wees nie. Ná my man se dood het ek altyd gesê: 'Ek sal met iemand in die hospitaal gaan gesels.' Ek het my voorgeneem om ander mense op te soek en hulle te help. Dit is nie reg om in jouself te keer en te wag dat mense na jou toe kom nie. Jy moet *besluit* om nie eensaam te wees nie."

Al besluit ons om nie eensaam te wees nie, weet elkeen wat smart ken, dat dit nie so maklik is om die intense behoefte aan iemand te hanteer nie. Net een pynlike herinnering aan ons geliefde kan ons in trane laat uitbars. Watter plek het die wil in die soort smart? In *Beyond our selves* verduidelik Catherine Marshall:

> "Die geheim is die eenvoudige erkenning van die feit dat smart 'n emosie is en dat ons min beheer daaroor het. Jy weet dat God jou geliefde wat nou by Hom is, liefhet. Jy weet ook dat Hy jou liefhet. Jy weet dat God 'n plan vir jou lewe het. Nou moet ons aan God bely dat ons verdeeld is. Een deel van jou klou aan smart vas asof dit 'n koestering is; 'n ander deel weet baie goed dat, totdat ons gewillig is om die smart te leer hanteer, ons nie geluk en 'n vol lewe kan ervaar nie . . . Ons gebed moet wees: 'God, ek wil gewillig gemaak word.' Dan moet ons rustig wees en God die tyd gun om die emosionele klimaat diep in ons persoonlikheid te verander."

As ons oë op God gerig is en nie op ons eie eensaamheid nie, praat Hy in liefde met ons: "As jy deur water moet gaan, is Ek by jou, deur riviere, hulle sal jou nie wegspoel nie" (Jes 43:2).

In die lente is die meeste riviere vol. As die sneeu skielik smelt, of as die vroeë reën lank en aanhoudend val, kan dit 'n ramp veroorsaak. 'n Rivier kan sy walle oorstroom. Alles wat bereikbaar is; alles wat stukkend geruk of meegesleur kan word, word deur dieselfde lot getref – die kolkende watermassa. Oral waarlangs die rivier vloei, laat hy sy spoor van uitskot en rommel.

Ons moet egter verstaan dat Hy ons die krag gee om die "uitskot en rommel" agter te laat. Dit is die derde manier waarop ons God se getrouheid ondervind. Wanneer ons eensaam is, lyk dit asof ons lewe 'n rivieroewer is. So lank as wat ons lewe, vloei vele ondervindings daarlangs. Sommige kan ons beheer, ander nie. As ons lewenspad met omweë kronkel, is daar baie plek waar rommel kan opgaar.

Eensaamheid kom selde alleen in 'n lewe. Dit bring 'n immer wisselende klomp afvalmateriaal saam: verwerping, skuldgevoelens, bitterheid, klaerigheid en onvergewensgesindheid. Daar is egter een maat wat eensaamheid die graagste saambring: selfbejammering. Wat kan ons lewe meer verwoes as juis dit?

Sekere omstandighede in haar huwelik het veroorsaak dat Sandra 'n tyd lank in haar getroude lewe alleen kerk toe gegaan het. Sy het haar reaksie beskryf: "Dit het 'n geestelike oorlogsveld geword. Ek het myself soos 'n verlore swaeltjie in die hoek van 'n kerkbank versteek terwyl die duiwel gefluister het: 'Hier is jy al weer alleen. Tog jammer. Kyk na al die gelukkige mense rondom jou wat vriende en familie by hulle het.'

"Gou het dit vir my min heil ingehou om kerk toe te gaan. Ek kon nie die predikant hoor nie, ook nie die boodskap uit die Bybel nie. In 'n poging om my gevoelens te verberg, het ek my trane probeer wegpink, net om die res van die tyd te gebruik om nog meer in myself gekeer te raak. Selfs al kon ek nog 'n front na buite voorhou, het ek binne-in my amper vergaan van selfbejammering. Ek was so vasgevang in my probleme en gevoelens dat dit baie lank geduur het vir my om insig te kry in wat regtig besig was om te gebeur."

Net soos Sandra vind baie van ons dat Satan sy doel bereik wanneer hy ons daartoe kan bring om na onsself te kyk en nie na God nie. In *My utmost for his highest* het Oswald Chambers gesê: "Geen sonde is erger as die sonde van selfbejammering nie, want dit wis God uit en plaas eiebelang op die troon."

Toe Sandra haar selfbejammering as sonde bely het, het sy besef dat sy in haar emosies bly leef het sonder om vir God die kans te gee om iets aan die situasie te doen. Die volgende keer toe Satan haar met haar eensaamheid wou versoek, het sy gebid: "God, dankie dat ek vandag hier alleen is – nou kan ek U my onverdeelde aandag gee. Dankie dat ek die leed van alleenvroue – ongetroud, geskei of weduwees – beter kan begryp." Elke keer dat Satan met sy leuen teruggekeer het, het sy 'n soortgelyke gebed gebid. Dit was nie die end van die storie nie. Een vir een, oor 'n tydperk van jare, het Sandra se gesinslede hulle by haar in die kerkbank aangesluit.

Terwyl ons die krag van die Heilige Gees ontvang om die rommel uit ons lewens te verwyder, herinner Hy ons: "As jy deur vuur moet gaan, sal dit jou nie skroei nie, die vlamme sal jou nie brand nie . . ." (Jes 43:2).

Op 'n vierde wyse is God getrou in sy ondersteuning. As ons Hom toelaat, red Hy ons uit die vuur van versoeking, en verander ons eensaamheid in produktiewe alleenwees.

Versoeking baan die weg vir die heel grootste eensaamheid – om geskei te wees van die liefde van God. Ons is meer weerloos teen enige versoeking as ons afgesonder voel.

'n Geskeide vrou het gesê: "Die hantering van seksuele behoeftes is een van die grootste versoekings vir die alleenmens. Baie sê: 'Dit is hier waar God nie kan help nie. Die begeerte om iemand by my te hê is werkliker as die werklikheid van 'n onsigbare God.' Dikwels sê iemand vir my: 'Ek het God lief, maar ek verlang daarna om iemand met 'n vel om by my te hê.' Die meeste mense sal in die vuur van versoeking aanpassings maak. Eerder as om aanpassings te maak, moet ons leer om alleen te staan."

Weer eens is God getrou, dit maak nie saak wat die versoekings is nie. Aan die kruis het Jesus ons sondes gedra. Hy was so afgesny van God dat dit Hom laat uitroep het: "My God, my God, waarom het U My verlaat?" (Matt 27:46). Omdat Jesus gesterf het, het ons toegang tot die krag wat versoeking verander in 'n toets wat ons sterker laat.

Hoeveel groot manne en vroue van God het in die spervuur staande gebly? Het hulle wanhopig uitgeroep: "Ek wil nie alleen wees nie?" Of het hulle vir Jesus hoor sê: "Ek weet. Ek was ook alleen"? Het hulle oorwin en produktiewe alleenheid ervaar?

Die mense wat werklik deur God gebruik word, is verhewe bo hulle natuurlike menslike behoefte aan liefde en goedkeuring omdat hulle nooit aanpassings wil maak waar dit God aangaan nie. Ons kan ons Verlosser kwalik beter as dit dien. As ons standvastig bly, gebruik God ons tyd van eensaamheid as 'n tyd van loutering. Hy verwyder alles wat ons oorgawe aan Hom verhinder.

Een van my vriende wys op bykomende voordele wat alleenlopers het: "Moenie aan jou alleenheid dink as 'n punt nie, maar as 'n komma. Gebruik die komma in jou lewe om iets konstruktiefs te doen. Begin met 'n stokperdjie. Lees. Reis.

Leer iets nuuts. Moenie die tyd mors nie, gebruik dit om as mens te groei en te ontwikkel."

Wanneer ons God toelaat om ons eensaamheid te omskep in produktiewe alleenheid, hoor ons sy woorde: ". . . al is jy klein, Israel. Ék help jou, sê die Here jou Verlosser, die Heilige van Israel" (Jes 41:14). Hy het ons uitverkies met die woorde: "Julle, daarenteen, is die uitverkore volk, 'n koninklike priesterdom, 'n nasie wat vir God afgesonder is, die eiendomsvolk van God, die volk wat die verlossingsdade moet verkondig van Hom wat julle uit die duisternis geroep het na sy wonderbare lig" (1 Pet 2:9). In die lofprysing vanuit die dieptes van ons gees *weet* ons dat ons nie alleen is nie. Ons noem hom *Verlosser, God, Koning, Meester* en *Vriend*. Hy antwoord: "Moenie bang wees nie, Ek verlos jou, Ek het jou op jou naam geroep, jy is Myne" (Jes 43:1).

Terwyl een jongman, duisende kilometer van sy huis, probeer aanpas het by 'n nuwe kultuur, het hy besef dat 'n oseaan hom skei van almal wat hy liefhet. In sy alleenheid het hy besef: "Hoewel dit belangrik is om vir God te werk, het Hy my opnuut gewys hoe om *Hom* te soek – dat dit *Hy* is wat ek nodig het, nie 'n geriefliker lewenswyse of my vriende en familie by die huis nie. Toe ek vanoggend wakker word, was my eerste gedagte: 'Nog 'n aaklige dag!' Maar ek het onthou: 'O God, ek het U, koning van die wêreld en die lewende God, selfs al het ek niks anders nie! Daar is niks in die hemel of op die aarde wat vir my meer beteken as U nie. Al is ek afgetakel na liggaam en gees, God is my sterkte; aan Hom behoort ek vir altyd'" (Ps 73:25-26).

Wanneer ons stilstaan by ons alleenheid, lyk die lewe so troosteloos soos die einde van die winter, bruin borselgras, dooie blare wat vassit in gleuwe, vuilgoed wat agtergebly het nadat die sneeu gesmelt het. Sodra die Gees ons heling begin, begin 'n beduidenis van grasprietjies verskyn, en gou is alles groen. Bo die grys stamme van die esdorings verskyn knoppe wat soos rooskleurige massas lyk. Groen en goue blare skitter in die berkeboom en fluweelgroen dennebome, skoongewas deur die reën, skyn skitterwit.

Dit is die begin, die herskepping van eensaamheid in 'n

alleenwees waarin ons die teenwoordigheid van God verwelkom. In enkele gevalle kom die lente oornag, meer gewoonlik kom dit geleidelik. Hoe langer ons moet wag, hoe meer waardeer ons dit wanneer ons dit ervaar.

13 Namate jy groei in jou gebedslewe, waag jy dit al hoe meer om onmoontlike dinge van jou Vader te vra

Kerngedagtes vir kragtige gebede

In Mei 1948 is Folke Bernadotte deur die Verenigde Volke gevra om as tussenganger op te tree tussen die Arabiere en die Jode in Palestina. Dit het vir die hele wêreld na 'n hopelose sending gelyk. Dit was ook 'n baie gevaarlike opdrag. Bernadotte het egter geglo dat 'n mens nie net maklike take moet aanpak nie. Vol moed het hy die uitdaging aanvaar. Gedurende sy eerste maand as tussenganger het hy die oënskynlik onmoontlike reggekry. Op 11 Junie het hy 'n wapenstilstand aangekondig wat die ruimte gelaat het vir verdere onderhandelings.

'n Verslaggewer het gevra hoe hy die wapenstilstand bewerkstellig het en hy het geantwoord: "My vader (prins Oscar) is oor die tagtig. Toe ek hierheen gekom het, het hy vir my 'n nuwe Bybel gegee. Hy het ook belowe om elke dag vir my te bid. Hy is nie alleen nie. Duisende Christene het belowe om vir my by God in te tree. Dit is my oortuiging dat sonder God se hulp en ondersteuning die positiewe resultate nooit daar sou gewees het nie."

Dikwels staar ons ons blind teen die omstandighede in die wêreld en in ons eie lewens. Die omstandighede mag hopeloos lyk – by tye selfs gevaarlik. Net soos Folke Bernadotte gaan ons 'n gevegsituasie binne. Tog kan God vrede bewerkstellig. Vir elkeen is gebed 'n hulpbron. Ook maak Hy van ons 'n voorspraak wat by Hom kan intree vir ander.

Vir elke rede wat daar is om moedeloos te voel, is daar een wat vra dat ons doelgerig moet bid.

Ons kan nou vra: "Watter kerngedagtes sal ons help om met kragtige gebede na God te gaan?"

Verhouding

As een van vyf kinders in 'n huis waar daar nie baie geld was nie, het ek tog die reg gehad om te vra: "Vader, kan ek nuwe skoolskoene kry?" Dit was tydens die Tweede Wêreldoorlog en skoene was gerantsoeneer. My vader het nie net die moeite gedoen om vir my goeie skoene te kry nie, maar ook dié wat ek graag wou hê.

Ons hemelse Vader is baie dieselfde. Hy ken ons behoeftes en skei dit van begeertes wat ons geestelike groei sal strem. Om met Hom te praat is so eenvoudig soos om op jou pa se skoot te klim. In sulke oomblikke weet ons dat ons nie 'n verhewe heilige hoef te wees om te bid nie. Ons leef Hallesby se woorde uit as ons sê: "Gebed en hulpeloosheid is onafskeidbaar. Net uit hulpeloosheid kan ons regtig bid."

Die wete van God se liefde berei ons voor vir doeltreffende gebed. Deur daardie liefde leer Hy ons hoe om te bid en maak Hy ons bewus van watter gebede Hy graag beantwoord. Hoe beter ons sy liefde verstaan, hoe gretiger is ons om te bid. Gebed *is* die taal van 'n verhouding.

Die krag van ons gebede is in direkte verhouding tot ons vertroue op God. As ons God vertrou, kan ons dinge sien soos Hy dit sien. Dan sien ons sonde soos dit werklik is – 'n oortreding teen God se heiligheid. In vertroue leer ons om op God te wag, om ons rus in Jesus te vind en sy belofte te ontvang: "As julle in My bly en my woorde in julle, vra dan net wat julle wil hê, en julle sal dit kry" (Joh 15:7).

Spesifieke hartsbegeertes

Die blinde Bartimeus het uitgeroep: "Jesus, Seun van Dawid, ontferm U tog oor my!" Toe die mense hom probeer stilmaak het, het hy al hoe harder geroep: "Seun van Dawid, ontferm U tog oor my!"

Bartimeus het verwag dat iets gaan gebeur. Jesus het ongetwyfeld geweet wat sy behoefte was, tog het Hy hom aangemoedig om sy behoefte spesifiek uit te spreek:

"Wat wil jy hê moet ek vir jou doen?"

"Rabboeni," sê die blinde man vir Hom, "dat ek kan sien."

Jesus sê vir hom: "Jy kan maar gaan. Jou geloof het jou gered" (Mark 10:46-52).

Wanneer ons die geloof wat ons tot ons beskikking het gebruik, gee God ons meer geloof. Samuel I vertel van 'n gewone vrou, Hanna, wat sleg behandel is deur haar man se ander vrou. Hanna se hartsbegeerte was om vir haar man 'n erfgenaam te gee.

Die psalmis verwys ook na so 'n begerige hart: "Vind jou vreugde in die Here, en Hy sal jou gee wat jou hart begeer. Laat jou lewe aan die Here oor en vertrou op Hom; Hy sal sorg" (Ps 37:4-5). Die eerste gedeelte van die vers: "Vind jou vreugde in die Here," herinner ons daaraan hoe belangrik dit is om 'n met lofprysing vervulde gees te hê. Dit kom eerste. Om onsself volkome oor te gee aan God en Hom volkome te vertrou is ook hierin vervat. Maar wat van ons diepste hartsbegeertes?

'n Kenner van die Bybel, Ken Chant, het gepraat oor die motivering van 'n hartsbegeerte, met verwysing na Psalm 81: 10-16. Daar het God sy mense daaraan herinner dat Hy vir hulle sorg: "Ek is die Here julle God wat julle uit Egipte laat wegtrek het. Wat julle nodig het, sal Ek in oorvloed gee." Dan voel ons die smart in sy stem aan: "Maar my volk het nie na My geluister nie, Israel wou niks met My te doen hê nie. Daarom het Ek hulle laat begaan in hulle koppigheid en hulle het hulle eie sin en wil gevolg" (Ps 81:11-16).

God wou oorvloediglik gee, maar sy afvallige volk het dit geweier. Nadat hulle lank daarop aangedring het om hulle eie kop te volg, het God hulle uiteindelik gegee wat hulle werklik wou gehad het. Die volk het die wrange vrugte van hulle keuse gepluk.

Chant verduidelik: "God sal jou gee wat jy werklik wil hê – hemel of hel, geregtigheid of sonde."

Ek het lank gebid oor iemand se gesindheid teenoor my voordat ek die sagte stem van die Gees gehoor het: "Wat is dit wat jy regtig wil hê, Lois? Jou beweegredes is nie duidelik nie. Wees eerlik met God oor hoe jy regtig voel oor jou situasie."

Wat wil ek regtig hê? Uit Hanna se diepste hartsbegeerte het Samuel se geboorte gevolg. Uiteindelik is hy erken as profeet, priester en bemiddelaar wat hoog aangeskrewe was in die oë van God en die mense. Hy het die volk van Israel bymekaargebring toe hulle as 'n nasie wou disintegreer, en so het hy hulle tweede grondlegger geword.

'n Gereinigde hart

Die psalmis sê baie duidelik: "As daar sonde in my hart was, sou die Here nie geluister het nie" (Ps 66:18). Nadat Salomo die tempel ingewy het, het God een nag aan hom verskyn met 'n belofte en 'n waarskuwing: "As Ek die hemel gesluit hou sodat daar geen reën is nie, of as Ek die sprinkaan beveel om die land kaal te vreet, of as Ek pes onder my volk stuur, en my volk oor wie my Naam uitgeroep is, toon berou en bid en vra na my wil en draai terug van hulle bose weë af, sal Ek luister uit die hemel en hulle sonde vergewe en hulle land laat herstel" (2 Kron 7:13-14).

Gereed vir die stryd

As slegs die hulpeloses waarlik kan bid, waarom is dit nodig dat ons toegerus moet wees vir die stryd? Wanneer ons die eenvoud en vreugde van gebed binne 'n liefdevolle verhouding ontdek, besit ons die krag wat vir Satan 'n bedreiging is. Hy weet dat deur dié krag koninkryke verander kan word. Hy weet dat namate ons in ons gebedslewe groei, ons dit kan waag om moeilike dinge van ons Vader, die heerser van die heelal, te vra. En dit wil hy verhoed.

Geen soldaat wat sy lewe liefhet, gaan die oorlogsgebied binne sonder dat hy weet waar daar geveg word nie. Die Christen veg op die geestelike terrein. Paulus waarsku: "Ons stryd is nie teen vlees en bloed nie maar teen die bose magte van hierdie sondige wêreld, teen die bose geeste in die lug" (Ef 6:12). Paulus vertel ook vir ons wat ons moet doen in dié situasie: "Trek daarom die wapenrusting aan wat God julle gee, sodat julle weerstand kan bied in die dag van onheil en, nadat julle die stryd tot die einde toe gevoer het, nog op julle pos kan bly staan" (Ef 6:13).

As ons sterk wil wees in die gebed, moet ons ons wil ook in God se hande plaas, sodat Hy ons kan bring tot by die punt van gebrokenheid waar ons op Hom alleen staatmaak. Uit hierdie gebrokenheid kom die wete en kennis van die verskil tussen menslike koppigheid en geestelike doelgerigtheid. Die eerste bevredig slegs ons eie begeertes. Die tweede is Godgegewe volharding wat ons in die voorste gevegslinies plaas, van waar ons nie durf terugval nie.

Voordat ons in 'n geestelike geveg ingaan, het ons die voorreg om die wapenrusting van God, soos Paulus dit beskryf, aan te trek. Elke stuk bedek 'n spesifieke kwesbare area – seksueel, emosioneel, intellektueel of geestelik (sien Ef 6:14-16).

God se heerskappy

'n Romeinse offisier het na Jesus gekom vir hulp: "Here, my slaaf lê by my huis verlam en verduur baie pyn."

En Jesus antwoord hom: "Ek sal hom kom gesond maak."

Maar die offisier sê: "Here, ek is nie werd dat U onder my dak inkom nie. Sê maar net 'n woord, en my slaaf sal gesond word. Ek is ook 'n mens wat onder gesag staan en ek het soldate onder my. Vir een sê ek: 'Gaan daarheen!' en hy gaan: en vir 'n ander: 'Kom!' en hy kom; en vir my slaaf: 'Doen dit!' en hy doen dit."

Jesus was verwonderd toe Hy dit hoor, en Hy sê vir die mense wat agter Hom aan gekom het: "Dit verseker Ek julle: Ek het nog by niemand in Israel so 'n groot geloof teëgekom nie . . . Gaan terug, en wat jy geglo het, sal gebeur." En sy slaaf het op daardie oomblik gesond geword (Matt 8:5-13).

As ons bewyse nodig het vir die heerskappy van God moet ons die Heilige Gees vra om ons daarin te lei en vir ons Bybelse beginsels en voorbeelde te toon. Die Gees wil hê ons moet alles sien wat Jesus kan doen. In die begin sal ons treë dalk aarselend wees, soos Petrus s'n op die water, maar elke keer dat ons onsself in die Bybel verdiep en heelhartig op God vertrou, groei ons in die vrymoedigheid van gebed. Ons besef, soos die offisier, dat Jesus se heerskappy onontkenbaar is.

Hy het nooit daarop aanspraak gemaak dat Hy sy heerskappy uit eie reg het nie. Dit is aan Hom gegee (Matt 28: 18-19). Net soos Jesus sy mag van die Vader ontvang het, so ontvang sy dissipels hulle mag van Hom. Hy het die twaalf bymekaar geroep en aan hulle mag en gesag gegee om alle duiwels uit te dryf en siekes te genees. Toe het Hy hulle uitgestuur om die koninkryk van God te verkondig en die siekes gesond te maak (Luk 9:1-2). Deur dieselfde mag het Hy twee en sewentig ander aangewys en hulle twee-twee uitgestuur. Met hulle terugkeer het Hy gesê: "Ek het die Satan soos 'n weerligstraal uit die hemel sien val. Kyk, Ek het aan julle die mag gegee om op slange en skerpioene te trap en om die vyand met al sy geweld te oorwin, sonder dat iets julle enige leed aandoen" (Luk 10:18-19).

In Christus se Naam ontvang ons Goddelike gesag waar daardie gesag nodig is.

Wat God wil hê

God wil van ons 'n dankbare, lofprysende gees hê. Deur Paulus beveel hy ons om Hom te dank, selfs terwyl ons ons behoeftes voor Hom bring. "Moet oor niks besorg wees nie, maar maak in alles julle begeertes deur gebed en smeking en met danksegging aan God bekend" (Fil 4:6).

Om ons stryd met doelgerigte gebed te kan stry moet ons weet wat God wil hê. Dikwels hoor ek mense bid: "As dit U wil is, bring my geliefde tot bekering." Dit is *altyd* God se wil dat iemand tot bekering kom. "Die Here stel nie die vervulling van sy belofte uit nie, al dink party mense so. Nee, Hy is geduldig met julle, omdat Hy nie wil hê dat iemand verlore gaan nie: Hy wil hê dat almal hulle moet bekeer" (2 Pet 3:9).

Dit is ook God se wil dat elke mens sal leef uit die volle krag van die Heilige Gees. Jesus het aan sy dissipels gesê: "En Ek sal die gawe wat my Vader beloof het, vir julle stuur. Maar julle moet in die stad bly totdat julle met krag van bo toegerus is" (Luk 24:49).

Oor hierdie twee dinge hoef daar by ons geen onsekerheid te bestaan nie; ons weet wat God se wil is. Daarom moet ons bid teen die hardheid van harte wat baie van ons verhinder om God se vreugde en krag te ervaar.

In sommige gebedsituasies lei God ons stap vir stap. Wanneer een gebed beantwoord word, spoor die Gees ons aan om God daarvoor te dank en lei ons dan om 'n ander gebed te bid.

Daarom moet ons dikwels vra: "God, hoe wil U hê moet ek bid?" Die Gees van gebed sal ons leer.

Bybel-gefundeerde gebede

Een aand het ek by vriende gekuier wat vier jaar lank in 'n stryd teen georganiseerde misdaad gewikkel was. Omdat die man geweier het om aan Mafia-eise gehoor te gee, het hy en sy vrou hul huis, motors en besigheid verloor. Daar was ook drie aanslae op sy lewe. 'n Rukkie tevore is hy gearresteer en tronk toe gestuur vir 'n misdaad wat hy nooit gepleeg het nie. Hy het geweet dat 'n regverdige verhoor bykans onmoontlik was en dat 'n langtermynvonnis hom in die gesig staar.

Ons drie het gesels oor wat Paulus sê oor hoe ons teenoor ons vyande moet optree: "Moenie self wraak neem nie, geliefdes, maar laat dit oor aan die oordeel van God. Daar staan immers geskrywe: 'Dit is mý reg om te straf; Ék sal vergeld,' sê die Here" (Rom 12:19).

Ná ons gesprek het ek heeltemal magteloos en leeg gevoel en na 'n gebedsgroep by ons kerk gery. Ek was laat en die ander was reeds besig om te bid. In daardie oomblikke toe ek nie kon bid nie, het hulle opregte gebede van verering, belydenis en danksegging my weer moed gegee. Saam kon ons opnuut vir die ontwrigte gesin by God intree.

"Here, U beheer die regering," het een vrou gesê. Ek het gevra: "'n Regverdige verhoor, Here." 'n Ander man in die groep het gebid: "U het gespreek en dit het gebeur." Stilweg kon ek byvoeg: "U sal intree en hulle sal die geld wat hulle nodig het, kry." Ons predikant se woorde was: "Om die Here te dien, is om te haat wat verkeerd is" (Spr 8:13). Ek het begin om die georganiseerde misdaad te haat en daarteen te bid (sien Jes 9:6; Gen 1).

Toe ons oomblikke later ooreengekom het hoe om oor die situasie te bid, het God reeds in die groep begin werk. Later het Hy ons gebede verhoor en is ons vriend regverdig verhoor en vrygespreek.

Die wil om te volhard

Jesus leer ons om op verskillende maniere te bid: "Vra, en vir julle sal gegee word" (Jesus antwoord ons dadelik, soms ná slegs een gebed); "Soek, en julle sal kry" (Bid dat die struikelblokke uit die weg geruim sal word); "Klop, en vir julle sal oopgemaak word" (Klop aan die deur van die hemel) (Matt 7:7).

Om werklik te "klop" beteken om te volhard om ons doel te bereik. Soos die weduwee vir wie Jesus as voorbeeld gebruik het om ons te leer bid sonder om moed te verloor. Soms is dit nodig om te bid tot ons vrede in ons gemoed kry (Luk 18:1-8).

Dit is belangrik om vir spesifieke sake te bid. Lees soveel as moontlik uit die Bybel.

Die vermoë om te wag

Hallesby het geskryf: "Deur glad nie bekommerd te wees oor wanneer jou gebede verhoor sal word nie, sal jy al hoe meer vryheid in jou gebedslewe ondervind."

Toe Abram vyf en sewentig jaar oud was, het God hom 'n bevel en 'n belofte gegee: "Trek uit jou land uit, weg van jou mense en jou familie af na die land toe wat Ek vir jou sal aanwys. Ek sal jou 'n groot nasie maak, Ek sal jou seën en jou 'n man van groot betekenis maak, en jy moet tot 'n seën wees . . . In jou sal al die volke van die aarde geseën wees" (Gen 12:1-3).

Abram het geglo. Hy was gehoorsaam en is regverdig genoem.

Maar vier en twintig jaar later was hy en Sarai nog steeds kinderloos. God het weer aan hom verskyn en Abram se naam na Abraham verander en sy belofte herhaal en gesê: "Is iets te buitengewoon vir die Here?" (Gen 18:14). Toe het die 99-jarige Abraham, wat in stille gehoorsaamheid geleef het, by die Here gepleit vir die voortbestaan van Sodom en Gomorra.

Ek het dikwels gewonder: *As ek vier en twintig jaar tevergeefs vir iets moes wag, sou ek die moed hê om iets anders te vra?* Ek dink ek sou eerder vra: "Hoe wil U hê moet ek bid oor die saak?"

Een jaar later is Abraham se seun gebore. Elkeen van ons wat oënskynlik vrugteloos wag, het die belofte, "maar dié wat op die Here vertrou, kry nuwe krag. Hulle vlieg met arendsvlerke, hulle hardloop en word nie moeg nie, hulle loop en raak nie afgemat nie" (Jes 40:31).

Oorgawe

Het Abraham, nadat hy vyf en twintig jaar vir 'n seun gewag het, Isak besitlik vir homself gehou?

Oorgawe beteken om iets volkome aan God te gee. Hy sal weet as ons iets van Hom weerhou.

Ons twee jongste seuns het hulle aan God oorgegee en wou sendingwerk doen. Op 'n dag het my negentienjarige seun dan ook gevra: "Hoe sal Ma voel as ek Taiwan toe gaan om Mandarynetaal ('n soort Chinees) te leer?"

Drie dae later het die Gees duidelik tydens gebed met my gepraat; "Offer jou seuns." Ek het gewonder waarom die meervoudsvorm gebruik is, maar het gebid: "Here, weer eens gee ek my seuns vir U – onvoorwaardelik." Kort daarna het ons ander seun gesê dat God hom gelei het om na 'n kollege te gaan waar sendingwerk as 'n hoofvak aangebied word. Maar die kollege was duisende kilometer van ons af.

Oorgawe – dit was nog nooit vir my maklik nie. Dikwels het ek dit in fases beleef. Later het ek egter besef dat ek selfs verder as geestelike oorgawe gegaan het – dat ek met my emosies kon bid: "Dankie, Here, dat U hulle vir ons gegee het, sodat ons hulle vir U *kan* teruggee."

God weet die beste

Wat werklik belangrik is by gebed, is dat ons weet dat wat God doen die beste is. Job het dit goed beskryf met die woorde: "Al sou God my doodmaak, ek kan nie wag nie . . . Dit kan selfs my redding wees" (Job 13:15-16). Dit is ons verantwoordelikheid om te bid, Syne om te antwoord.

Sodra ons werklik so één is met God se doel, word dit volkome deel van ons gebedslewe. Dan sê ons saam met Paulus: ". . . ek beskou alles as waardeloos, want om Christus Jesus, my Here, te ken, oortref alles in waarde" (Fil 3:8); of saam met die psalmis: ". . . dit is vir my goed om naby God te wees" (Ps 73:28).

14 Swaarkry sterk jou vermoë om die vreugde te ervaar wat die Heilige Gees gee, ongeag jou omstandighede

Staan vas in die geloof

As ons begrip het vir die tyd waarin ons leef, sal ons geen bedenkinge hê oor die aard van die vervolging wat wêreldwyd plaasvind nie. Dikwels is dit 'n geleidelike proses en word daar verraderlik toegeslaan terwyl ons die tekens daarvan ignoreer. Mense en volke aanvaar hulle vryheid as vanselfsprekend. Hulle glo dat dit altyd so sal wees. Daar is egter altyd meedoënlose mense wat op magsoorname ingestel is. Hulle wag net vir die weerloosste oomblik om, soos 'n slang, hulle dodelike gif te versprei.

Is vervolging altyd negatief? Hoewel nie een van ons lyding sal verkies nie, het vervolging tog geskiedkundig sekere voordele gehad. Deur die vervolging wat ná Stefanus se dood ontstaan het, is die gelowiges uitmekaargejaag en oral waar hulle gegaan het, het hulle die Woord verkondig.

Mense wat vervolg word, was nog altyd mense met lewe, aangevuur deur die Heilige Gees. Onbetrokkenheid, selfsug en materialisme verdwyn as 'n lewensbelangrike keuse gemaak moet word.

Jesus se woorde in Matteus 24:9-14 en Johannes 15:18-27 is baie duidelik. In hierdie gedeeltes verbind Hy vervolging met die verspreiding van die Woord van God. In sulke tye kan ons 'n oplewing onder Christene verwag. Die Christene wat in lewe en dood die Here dien, vorm, net soos Stefanus, die saad van die kerk.

As dit dan so is, kies ons die veilige weg van verraad of staan ons vas in die geloof en getuig ons met oorgawe?

Kom ons put uit die ondervinding van ander Christene:

Oorwin jou vrees

Ons ouers leer ons van kleins af om ander tevrede te stel. Wanneer ons begin skoolgaan, word die beginsel versterk deur ons onderwysers. As ons in ons skoolwerk goed wil vaar, bly ons in hulle goeie boekies. Ons kom ook onder druk van ons klasmaats; ons moet soos hulle dink en doen. Dan kom daar 'n tyd waarin ons opvattings begin bots met wat ander glo. En skielik word ons bang en onseker.

'n Diensmeisie het vir Petrus gesê: "Jy was ook saam met Jesus die Galileër."

"Ek weet nie waarvan jy praat nie," het hy geantwoord (Matt 26:69-70). Hierdie antwoord het hy nog twee keer herhaal. Die verskil wat sy vervulling met die Heilige Gees daarna gemaak het, is egter opvallend. Saam met Johannes het hy vas gestaan in die geloof toe die priesters, die bevelvoerder van die tempelwag en die Sadduseërs hulle probeer verbied het om die evangelie te verkondig. Hulle het gesê: "Julle moet maar self besluit wat voor God reg is: om aan júlle gehoorsaam te wees of aan God. Wat ons betref, dit is onmoontlik om nie te praat oor wat ons gesien en gehoor het nie." Nadat hulle vrygelaat is, het hulle gebid vir die vrymoedigheid om die Woord te verkondig (Hand 4:19-20, 29-30).

Elke Christen wat vir God werk, moet die een of ander tyd die oordeel van ander mense verwerk. Ons moet altyd bewus wees van die gevoelens van ander mense. As ons egter ons eie geloofsoortuiging misken om 'n mens tevrede te stel, maak ons die menslike mening belangriker as ons verbintenis met Jesus Christus.

Toe ek eenkeer 'n groep mense toegespreek het, het ek gevra: "Is julle gewillig om Jesus onvoorwaardelik en sonder voorbehoud te volg, selfs tot in die dood indien dit nodig sou wees?"

'n Jong vrou het na vore gekom en gesê: "Ek het altyd gedink dat dit normaalweg deel is van my verbintenis met Christus."

Jou geloof

Iemand het eenkeer gesê: "'n Voorbereide lewe is die beste voorbereiding vir vervolging." Jesus het sy lyding tegemoetgegaan vanuit 'n besondere verbintenis met die Vader. Ons het ook 'n besondere verhouding nodig met die Vader, Seun en Heilige Gees. Dit laat ons geen twyfel oor wat ons glo nie.

Ons moet ook vra: "Wat is my kosbaarste besitting?" Dit is noodsaaklik dat ons geestelik gevoed word deur die Bybel deeglik te bestudeer. Hierin het ons nie 'n keuse nie. Leer sekere gedeeltes uit jou kop. Watchman Nee, 'n Chinese geestelike wat twintig jaar in die tronk was en blykbaar in dié tyd geen Bybel gehad het nie, het geteer op verse wat hy kon onthou.

Chet Bitterman, 'n taalkundige, het gesê: "Om Hom te ken en om Hom bekend te maak is die belangrikste." Hy het die hele 1 Petrus uit sy kop geleer en het besondere betekenis geheg aan die gedeeltes oor lyding. Kort daarna is hy deur Columbiaanse terroriste ontvoer. Ná agt en veertig dae van beproewing het hulle hom vermoor. Net twee dae voor sy gevangeneming het hy en sy vrou gesels oor toenemende guerilla-optredes. Hy het gesê: "Dit is aanvaarbaar dat iemand moet sterf om die Woord van God te verkondig aan die minderheidsgroepe in Columbia."

Staan saam

Wanneer ons mismoedig raak, om watter rede ook al, het ons mekaar ontsettend nodig. Christene moet 'n lewendige verhouding met mekaar hê waarbinne hulle mekaar daadwerklik help en saam die Here loof en aanbid. Soos Leland Everson gesê het: "Ons moet van mekaar sê: 'Dit is my broer en my suster,' vanuit 'n broederskap waarin ons bereid is om ons lewens vir mekaar af te lê."

Sulke groepe moet nie klieks wees nie, maar plekke waar ons as dissipels gevorm word. In Korea het Paul Yonggi Cho eers 'n Japannese en toe 'n kommunistiese inval beleef. As leraar van die *Central Church*, die grootste plaaslike gemeente in die wêreld, was hy slegs 'n paar kilometer van die Noord-Koreaanse grens en die toekoms was baie onseker. Hy het sy kerk verdeel in baie klein groepe wat weekliks in Bybelstudie-, gebeds- en hulpgroepe bymekaar gekom het. Binne hierdie groepe het vertroue ontstaan en die lede sou mekaar met hulle lewens beskerm. Sodra die Kommuniste die grens oorsteek, sou alle gemeentelike dokumente vernietig word en sou die klein groepe die Woordverkondiging van die kerk oorneem.

Verdeeld of lojaal

Toe Billy Graham Rusland besoek het, is hy aangehaal asof hy sou gesê het: "Hier is net soveel vryheid as in my tuisdorp, Montreat, Noord-Carolina." Christene het gevra: "Het julle gehoor wat Billy Graham gesê het?" Later het Graham alles verduidelik. In die verslag van sy toespraak is die woord wat hy wel gebruik het, naamlik *vurigheid*, met *vryheid* vervang, en so het die misverstand ontstaan.

Die probleem beklemtoon 'n baie belangrike aspek: ons behoefte aan lojaliteit en ons weiering om verdeel te word. 'n Geestelike, John Matthews, het deur Hongarye gereis en gesê:

> Regerings kan 'n kerk vervolg, maar nie vernietig nie. Die gevaarlikste dinge wat kan gebeur is wat Christene aan mekaar kan doen. Sommige kerke in Hongarye is lamgelê deur Christene wat mekaar wantrou. Die Kommuniste het geleer om ons wantroue in mekaar uit te buit. As hulle ons bang en agterdogtig kan maak, kan hulle die samelewing makliker beheer.

Openhartig of eerlik

Die vraag is vandag onvermydelik: "As ek 'n politieke of godsdienstige gevangene word, hoe sal ek tydens ondervraging reageer?" In 1955 het die Amerikaanse Weermag lede beveel om slegs hulle naam, rang, diensnommer en geboortedatum te verstrek indien hulle gevange geneem word. Alle verder inligting kan teen jou land of jouself gebruik word.

Om stil te bly kan 'n probleem wees vir Christene wat glo dat iemand deur hulle getuienis nader aan Christus gebring kan word. Petrus sê: "Wees altyd gereed om 'n antwoord te gee aan elkeen wat van julle 'n verduideliking eis oor die hoop wat in julle lewe" (1 Pet 3:15). Vervolgers gee egter dikwels voor dat hulle meer omtrent Christus wil weet terwyl hulle eintlike doel is om verdoemende getuienis te kry. Ek kan aan geen manier dink om te onderskei nie, behalwe deur absolute vertroue in God en deur die onderskeidingsvermoë wat Hy jou gee.

Christene moet die verskil verstaan tussen openhartigheid en eerlikheid. Ons is geroep om eerlik te wees; dit word nie van ons verwag om onder alle omstandighede openhartig te wees nie. In tye van vervolging geld dit vir gesprekke met sowel vriend as vyand. Gedurende die Tweede Wêreldoorlog onder Nazi-bewind moes die Christene in Frankryk net genoeg weet om te kon saamwerk, maar te min om mekaar te verraai. 'n Mens kan immers nie dinge oorvertel wat *jy nie* weet nie.

Wraak of hoop

T Simon Farisani, 'n geestelike uit Afrika wat verskeie kere wreed gemartel is, het gesê: "Hoe meer jy ly, hoe moeiliker is dit om te haat."

Dawid het dit geweet. Toe hy gedwing is om te vlug ná Absalom se sameswering teen hom het hy twee soorte behandeling gekry. Siba het hom gedien en vir hom donkies, brood, rosyntjies, voorvye en wyn gebring. Simeï, 'n familielid van Saul, het hom gevloek en uitgeskel.

Dawid het, soos jy ook dalk, ondervind dat wanneer ons neerslagtig is en probleme het, sommige mense ons verbaas met hulle begrip en hulp. Ander mense vertrap ons (2 Sam 16:1-14). Dawid het gesê: "Miskien let die Here op my ellende en beloon Hy my met iets goeds vir vandag se vervloeking" (v 12). Honderde jare later het Christus gesê: "Julle moet bid vir dié wat julle vervolg . . . want julle loon is groot in die hemel" (Matt 5:44, 12).

In haar boek *Suffering* sê Dorothee Sölle: "Die belangrikste vraag wat ons kan vra met betrekking tot lyding is, wie word daardeur bevoordeel. Bevoordeel ons lyding vir God of die duiwel? Is die doel om lewe te ontvang of om geestelik verlam te raak?"

'n Ander teoloog het die verskil verduidelik: Ons geloof word versterk deur die dood van mense wat gesterf het om sodoende getuienis van hulle geloof te lewer. Hulle is God se martelare. As ons egter met wanhoop en sonder geloof reageer op die dood, maak ons mense die duiwel se martelare.

Swaarkry versterk ons vermoë om vreugde te ervaar. Nie 'n oppervlakkige vreugde wat ons slegs ervaar as dit goed gaan nie, maar die diepe vreugde van die Heilige Gees wat ons eie is, ongeag die omstandighede waarin ons leef.

Een Sondag, tydens die openingsgesang by ons erediens, het ek 'n gesig gesien wat my na regte bang moes gemaak het, maar dit het hoop gebring. Ek het 'n mens gesien, vasgebind op 'n brandstapel in die vorm van 'n kruis. Terwyl die vlamme na bo reik, het die persoon begin sing. Elke woord was ten volle aan God gewy. Hoe hoër die vlamme gelek het, hoe meer oorgawe was in die sang.

Seëvierende woorde het deur die man gevloei: "Ek is vry, ek kan gaan waar Hy lei. Die boeie kan my nie meer bind nie. Dit is my tyd om te sing."

Later, gedurende die slotsang, het ek weer die man op die brandstapel gesien. Die vlamme het steeds na bo gelek en daar het sang gevolg uit die dieptes van 'n totaal oorgegewe gees. Sy oorwinning was volkome.

Terwyl ek oor die gesig gebid het, het ek geweet dat dit die wêreld is waarheen ek op pad is. Elke mens wat onvoorwaardelik oorgegee is aan Christus, sal dieselfde wêreld binnegaan. Ons kan geen kruis ligtelik aanvaar nie, ongeag of dit die aflê van ons eie selfsugtige begeertes of die aflê van ons lewe is. Maar waarin lê ons hoop?

In *Bridges to hope* vertel Alvin Rogness hoe 'n Nazi-ondervraer aanhoudend probeer het om Hans Lilje, 'n Duitse geestelike en later biskop van Hanover, te dwing om te praat. Hy het hom met die dood gedreig en was sprakeloos toe Lilje kalm antwoord: "Maar ek hoef nie te lewe nie."

Dit maak nie saak wat ons lot is nie, ons behou hierdie onmiskenbare oorwinning.

15 Dien jou naaste volgens God se plan en op sý tyd

Hoe kan ek my naaste dien?

Lank gelede het Jesus na die menigtes gekyk en hulle innig jammer gekry, want hulle was moeg en hulpeloos soos skape wat nie 'n wagter het nie. Aan sy dissipels het Hy gesê: "Die oes is groot, maar die arbeiders min. Bid dan die Here aan wie die oes behoort, om arbeiders uit te stuur vir sy oes" (Matt 9:36-38).

Ons is die arbeiders. Is daar iets wat God wil hê ons moet doen? Kan dit wees dat God begeer dat ons lewens 'n spesifieke betekenis moet hê? Tog voel ons so dikwels verskeur tussen verskillende keuses, terneergedruk omdat ons soveel dringende dinge moet doen. Ontbreek dit ons selfs aan die krag om te dien.

Vanuit sy groot liefde gee God vir ons geordende lewens. Met die aanvaarding van hierdie gawe aanvaar ons ook die verantwoordelikheid om vir God te werk. Ons vergeet dikwels dat God ons getrou bystaan sodat ons weer op ons beurt ander na Hom kan lei. Hy het arbeiders nodig, nie mense wat koersloos in alle rigtings hardloop nie. Hy het mense nodig wat vry is omdat Jesus Christus hulle heel gemaak het.

Kom ons kyk na sewe stappe waardeur God ons voorberei om sy boodskappers te wees.

Die woord "roeping" verwys na 'n spesifieke wyse waarop ons God dien deur ander mense te dien. Ongeag wie ons is of wat ons ouderdom is, elkeen van ons het 'n taak. Vir sommige is hulle daaglikse werk en hul roeping een. Vir ander is dit twee aparte dinge. Dit maak nie saak of ons 'n eenvoudige werk doen of 'n bestuursposisie beklee nie – God kan ons gebruik. Solank ons dit onthou, word ons daaglikse werk en ons roeping al hoe meer een.

Om ons roeping te vervul moet ons weet wat God van ons

verwag. Sommige mense ondervind 'n onmiskenbare "roeping" en weet wat God se doel met hulle lewe is. Ander besef eers later dat God besig is om hulle te gebruik.

As jy onseker is oor jou roeping, soek dan die wil van God. Vra: "Here, wys vir my waar U my wil gebruik. Gee my die wete dat ek geroep is." Dikwels herken ons ons roeping wanneer die begeerte om 'n sekere taak te vervul so sterk word dat ons nie kan weier nie. Dikwels kry ons vrede in ons gemoed as ons die dinge bestudeer en doen wat ons "roeping" van ons vra.

Bepaal jou prioriteite

Terwyl ons besig was met sendingwerk, het een jeugdige 'n groot geheim van evangelieverkondiging ontdek: "As jy God waarlik ken, kan jy nie anders as om Hom te vertrou nie. As jy Hom vertrou, moet jy Hom liefhê. En uit liefde vloei gehoorsame diens."

Te veel mense begewe hulle halfhartig in die diens van Christus. Aan die een kant wil hulle nog hulle eie wil volg, aan die ander kant wil hulle darem 'n Christen ook wees. Ons behoort te vra: "Wie se werk is dit, myne of God s'n?" As jy dink dit is joune is jy nog nie geroep nie.

Ons voel almal soms oorweldig deur die ontsettende nood in die wêreld. In sulke oomblikke help dit om jou roeping as deel van jou lewenspatroon te sien en te vra: "Watter taak is spesifiek aan my opgedra?"

God bepaal ons prioriteite vir ons. As ons getroud is, behoort ons God eerste te stel, ons eggenoot tweede, dan ons kinders en laastens dienslewering buite die huis. My ma het eenkeer gesê: "As ons met ons kinders misluk, is niks anders belangrik nie." Ek is baie dankbaar dat haar "roeping" tydens ons kinderdae ons huis was.

Vir 'n alleenloper is dit miskien makliker. God kom eerste en dan diens. Maar of ons nou getroud of ongetroud is, God wil nie hê dat ons enige werkterrein moet verwaarloos nie.

Hoe groter ons verantwoordelikhede, hoe meer spanning kan ons ervaar in ons poging om ons plig te doen. Dit is hier waar die Heilige Gees ons help.

In alles moet ons altyd vir Christus voorop stel, "want niemand kan 'n ander fondament lê as wat reeds gelê is nie. Die fondament is Jesus Christus. Of dit goud, silwer, edelstene, hout, gras of strooi is waarmee iemand op die fondament bou, elkeen se werk sal aan die lig kom. Die dag wanneer Christus kom, sal dit duidelik word. Die dag kom met vuur, en die vuur sal die gehalte van elkeen se werk toets" (1 Kor 3:11-13).

Lewe vanuit God se krag

Paulus het vir Timoteus gewaarsku dat daar in die laaste dae mense sal wees wat nog die uiterlike skyn van godsdiens sal hê, maar dat hulle nie die krag van godsdiens sal ken nie (2 Tim 3:5). As Christene het ons die Heilige Gees ontvang, maar ons kan nie ons roeping vervul as ons nie uit sy krag leef nie. Dit is die rede vir pinkster. Jesus het geweet dat slegs die Heilige Gees sy dissipels voldoende kan toerus vir hulle taak.

As die krag om jou roeping te vervul jou ontbreek, vra vergifnis vir jou sondes. Vra dan: "Jesus, gee my al die krag van die Heilige Gees sodat ek met oorgawe kan getuig." Ontvang die krag in die geloof en dank God daarvoor. As jy later moeilike tye beleef en meer hulp nodig het, vra die Heilige Gees om jou opnuut te vervul en ontvang sy krag soos Paulus dit beskryf (sien Ef 1:17-21).

Die Goddelike inspirasie en gesag van die Bybel moet die fondament wees van diens aan God. God se Woord is die bron van krag waaruit ons ander mense kan help. Warren Wiersbe skryf:

> Die manne en vroue wie se geloof in Hebreërs 11 beskryf word, was almal gewone mense wat ongewone dinge reggekry het omdat hulle op Gods Woord vertrou het. Hulle het foute gemaak. (Mense wat nie foute maak nie, doen niks nie. Hulle is toeskouers en kritici, nie baanbrekers nie.) Hulle het selfs teen God gesondig. Tog was die totale beeld van hulle lewe een van geloof. Sommige is uit geloof gebore; ander het gely en gesterf vir hulle geloof. Dit maak nie saak wat die omstandighede was nie, hulle het op God vertrou en Hom geëer.

Atlete offer baie op om te wen. As ons aan hulle opofferings dink, moet ons vra: "Leef ek as 'n gedissiplineerde Christen? Gee ek die Heilige Gees die geleentheid om my te help om goeie gewoontes aan te leer, te konsentreer en te werk aan die dinge wat God in staat stel om my beter te gebruik?"

Jou gesindheid is belangrik

Watchman Nee sê in *The release of the Spirit* iets wat baie belangrik is: Enigeen wat God dien, sal vroeër of later ontdek dat sy groot beperking nie ander mense is nie, maar hyself. Ons trots is 'n goeie voorbeeld. Ons dink nie ons hoef iets te leer nie; ons weier om geleer te word; of ons dink dat ons eer en openbare erkenning verdien.

Dikwels word trots vermom as nederigheid. As ons sukkel om ons vrees vir mislukking te oorwin, of ons voel tot niks in staat nie, kan ons niks reg doen nie. Ons behoefte aan oormatige erkenning belemmer God se werk in ons lewe.

As ons ons roeping ten volle wil vervul, moet ons 'n Godgegewe gevoel van eiewaarde hê waaruit ons ander kan help sonder om op erkenning te wag. Dit beteken nie dat ons nooit ons eie behoeftes kan bevredig nie. In God se diens sal ons die versekering vind dat Hy na ons behoeftes omsien terwyl ons sy werk doen.

In alles wat Hy gedoen het, het Jesus die eer van sy Vader gesoek, nie sy eie nie: "As Ek Myself verheerlik, beteken my heerlikheid niks" (Joh 8:54). A W Tozer skryf in *The pursuit of God*: "Ons hele lewe is deurmekaar omdat ons God nie op die troon plaas waar Hy hoort nie. Ons verhoog onsself en nie God nie, en ons word daarvoor veroordeel."

Elkeen moet 'n nou-en-vir-altyd-beslissing maak om God bo alles te eer. Met elke nuwe toets waarvoor die eie ek te staan kom, kies ons opnuut. Ongeag of ons suksesvol is of misluk, ons kan God verhoog.

Die kern van al die gesindhede moet setel in ons bereidheid om boetvaardig te lewe. Ons moet eers by die kruis kniel voordat God ons ten volle kan gebruik. Ons kan nie ander mense help om bewus te wees van sonde as ons nie bewus is van ons eie sonde nie. God gebruik ons in direkte verhouding tot ons verbintenis met die kruis.

Diens

Jesus het gesê: "Elkeen wat in julle kring groot wil word, moet julle dienaar wees; en elkeen wat onder julle die eerste wil wees, moet julle slaaf wees. So is dit ook met die Seun van die mens. Hy het nie gekom om gedien te word nie maar om te dien en sy lewe te gee as losprys vir baie mense" (Matt 20: 26-28). Een jong vriend het dit so beskryf: "Hoe meer bekend jy is as leier, hoe belangriker is dit dat jy sal dien."

Gedurende Jesus se laaste nag by sy dissipels het Hy hulle voete gewas en gesê: "Ek het vir julle 'n voorbeeld gestel, en soos Ek vir julle gedoen het, moet julle ook doen" (Joh 13:15). Vroeër het Hy hulle aangemoedig om die aanstootlikste werk te doen. Wanneer die Romeinse soldate deur 'n stad getrek het, het hulle verwag dat die inwoners hulle bagasie tot 'n kilometer buite die stad moet dra. Jesus het gesê: "As iemand jou dwing om sy goed een kilometer ver te dra, dra dit vir hom twee kilometer" (Matt 5:41). Wat was die verskil tussen die eerste en die tweede kilometer? *Die bereidheid om meer te doen as wat nodig is*, nie in eiebelang nie, maar om 'n ander mens help.

Om te dien vra opofferings: Om op te staan en vir 'n kind 'n glas water te gee; om onsself te verontrief sodat ander mense gerieflik kan wees; om "oop" te wees vir die onuitgesproke nood van ander mense. Om te dien is om soos Christus te wees. Geen taak is benede ons nie.

Ons dien ander om hulle te bevoordeel, nie om hulle te benadeel nie. Om dienskneg te wees beteken nie dat mense ons tyd aanhoudend kan mors omdat hulle nie werklik 'n oplossing soek nie, maar aan 'n probleem vasklou. Die Here wil ons gebruik vir opregte behoeftes. Dit is die verskil tussen 'n dienskneg en 'n vloermat. Dink aan 'n ma wat aanhoudend die handdoeke van die badkamervloer optel, maar nie die kinders leer om dit self te doen nie. Of 'n vader wat sy tieners toelaat om die motor te gebruik, maar hulle nie leer om soms brandstof in te gooi nie. Albei is vloermatte omdat hulle nie 'n sin vir verantwoordelikheid aanmoedig nie. As ons goddelik dien, gee ons rigting, vertroosting, aanmoediging en teregwysing aan die mense wat God aan ons toevertrou. Dan inspireer ons hulle om hulle volle potensiaal te bereik.

Jesus wys ons die verskil tussen vertoon en ware evangeliebediening. As ons bereid is om te dien, gebruik God ons om die hulpeloses en vernederdes te help.

Wees bedag op Satan se aanvalle

Satan geniet dit om dié wat vir hom 'n bedreiging is, te teister. Kan hy 'n beter manier kry om suksesvolle evangeliebediening te verongeluk as deur huweliksontrou? Dikwels gebruik hy ook verwarring om sy doel te bereik.

As ons ons voorberei vir evangeliebediening mag ons nie meer selfsugtig wees nie. Soos Paulus gesê het: "Dieselfde gesindheid moet in julle wees wat daar ook in Christus Jesus was: Hy wat in die gestalte van God was, het sy bestaan op Godgelyke wyse nie beskou as iets waaraan Hy Hom moes vasklem nie, maar Hy het Homself verneder deur die gestalte van 'n slaaf aan te neem . . ." (Fil 2:5-7). Te dikwels verwar die Satan ons behoefte om ons eie selfsugtige begeertes af te lê met gevoelens van minderwaardigheid.

Dink so daaraan:

Aflê van selfsugtige begeertes	*Gevoel van minderwaardigheid*
Word ontvang van: Die Heilige Gees	Word ontvang van: Satan
Doel: Om ons trots en ander negatiewe eienskappe wat ons diensbaarheid belemmer, weg te neem.	Doel: Om ons te verhinder om suksesvol te wees.
Resultaat: vryheid, werksbevrediging, produktiwiteit, die verwesenliking van ons volle potensiaal in Christus.	Resultaat: Selfgesentreerde gevoelens van veroordeling, ons rig niks uit nie; ons is nie wat God wil hê ons moet wees nie.

Met verwysing hierna het die Heilige Gees my bewus gemaak van twee Skrifgedeeltes. In Matteus 25:24-29 lees ons hoe kwaad die eienaar was vir die slaaf wat nie met sy talente gewoeker het nie. In die volgende Skrifgedeelte, Handelinge 13:46, sê Paulus aan 'n groep Jode: "Die woord van God moes eerste aan julle verkondig word. Maar omdat julle dit verwerp en daarmee beslis dat julle die ewige lewe nie werd is nie, gaan ons nou na die mense toe wat nie Jode is nie." As ons dink dat ons nie werd is om gered te word nie, sal ons dit ontbeer. Net so kan God ons nie in ons dagtaak help as ons nie dink dat ons sy hulp werd is nie.

Aanvaar God se beplanning en tydberekening

Effektiewe evangeliebediening word nie lukraak saamgeflans nie. Dit ontwikkel volgens God se plan in ooreenstemming met ons aanvaarding van sy tempo. Soms laat Hy 'n insinking toe sodat ons kan groei in die evangelie. Dit mag nodig wees dat ons moet leer om in die geloof te wandel, eerder as uit gevoel.

Ons kom dikwels in opstand wanneer ons God dien omdat ons ons nie aan sy tydberekening onderwerp nie. Ons hoor sy roepstem, ons beleef sy roeping. Ons is gereed om ons taak te begin. Skielik kom alles tot stilstand. Vir maande, selfs jare, bereik ons niks. God laat dikwels toe dat dinge vir 'n lang tyd rustig bly voordat Hy sy doel bereik.

God het in 'n droom vir Josef gewys hoe Hy hom wou gebruik. Sy ondervinding in die tronk het hom toegerus om later groot hoeveelhede graan te administreer. Ons dink ook aan Moses. Hy het in 'n paleis grootgeword en is geroep toe hy bewus geword het van die lyding van sy eie mense. In sy poging om self 'n oplossing te kry, het hy 'n Egiptenaar vermoor en die land uit gevlug en veertig jaar lank in Midian gaan woon. Daar het God hom toegerus om die leier van die uittog van die volk van God te word.

God het die patroon dikwels herhaal – selfs in sy eie Seun. In die woestyn is Christus geteister deur versoekings wat al sy werk ongedaan kon gemaak het. Deur die versoekings te weerstaan het Hy God egter toegelaat om Hom daardeur vir sy diens toe te rus.

Ongeag watter vorm ons wagtyd aanneem, God gebruik dit om die karaktereienskappe in ons te kweek wat ons nodig het om Hom te dien. Hierdeur versterk Hy ons oorgawe aan Hom en aan sy diens. Hy vra: "Is jy gereed om My onvoorwaardelik te volg?" Peter Marshall het dit mooi opgesom deur te bid: "Here, versteek my agter U sodat U gesien en gehoor kan word, nie net ek nie."

Ná die roeping volg die wagtyd, dan word ons bevry en vind ons nuwe diepte in ons evangeliebediening. Hiervoor het God ons sorgvuldig voorberei. Terwyl ons die evangelie aan ander mense bring, sien ons God se seën in hulle situasie. Dit gee ons meer geloof om ons eie omstandighede te hanteer. Die redes vir geestelike ondergang word getuienis dat God ons getrou help om geestelik te groei.

Die oes is ryp op die land. God het arbeiders nodig wat begrip het vir die tyd waarin ons leef en wat bereid is om onvoorwaardelik te dien. "Daarom, liewe broers, wees standvastig, onwankelbaar, altyd oorvloedig in die werk van die Here . . .", het Paulus gesê, ". . . omdat julle weet dat julle inspanning in diens van die Here nie tevergeefs is nie" (1 Kor 15:58).

Dit is oorwinning! God bewys sy getrouheid aan hulle wat getrou is. Deur die krag van die Heilige Gees kan ons ook lewe met die wete: "Dit is oorgawe – totale oorgawe!"